HERÓIS DA IGREJA

HERÓIS DA IGREJA

Grandes nomes da história do cristianismo

VOLUME 2
A ERA MEDIEVAL

—

Editado por
AL TRUESDALE

Traduzido por Almiro Pisetta

Edição
Daniel Faria
Revisão
Natália Custódio
Produção e diagramação
Felipe Marques
Colaboração
Ana Luiza Ferreira
Capa
Maquinaria Studio

CIP-Brasil. Catalogação na publicação
Sindicato Nacional dos Editores de Livros, RJ

H48
v. 2

Heróis da igreja : grandes nomes da história do cristianismo :
a era medieval, volume 2 / editado por Al Truesdale ;
traduzido por Almiro Pisetta. - 1. ed. - São Paulo : Mundo
Cristão, 2020.
    224 p. (Heróis da igreja ; 2)

    Tradução de: The book of saints : the middle era
    ISBN 978-85-433-0496-0

    1. História da igreja - Idade Média, 600-1500. 2. Santos
cristãos. I. Truesdale, Al. II. Pisetta, Almiro. III. Série.

19-61597   CDD: 270.3
                                    CDU: 27-9"0325/1054"

Publicado no Brasil com todos
os direitos reservados por:
Editora Mundo Cristão
Rua Antônio Carlos Tacconi, 69
São Paulo, SP, Brasil
CEP 04810-020
Telefone: (11) 2127-4147
www.mundocristao.com.br

Categoria: Espiritualidade
1ª edição: março de 2020
Impressão digital sob demanda

SUMÁRIO

INTRODUÇÃO

Em seu credo mais universal, os cristãos afirmam que eles "creem na santa igreja católica e apostólica" (Credo Niceno [325 d.C.], LOC). Essa é uma profissão de fé que a igreja fundamenta no Senhor crucificado, ressuscitado, exaltado e que há de retornar.

Neste volume, começando com o Concílio de Niceia e continuando até a véspera da Reforma, aprenderemos sobre a vida de fé com pessoas que tiveram profundo amor pela igreja e fizeram o melhor possível para garantir a fidelidade dela a Cristo. Essas pessoas viveram e trabalharam durante um período de formação extremamente crítico e muitas vezes conturbado da história da igreja. Desde o início, questões importantes vinham sendo levantadas e debatidas. Muitas coisas que nós com frequência aceitamos sem pestanejar como doutrina cristã eram então incertas. Por exemplo, como deveria ser explicada a doutrina cristã com o intuito de salvaguardar a plena divindade do Pai, Filho e Espírito Santo, sem pôr em risco a crença num único Deus? E quem, no fim das contas, é Jesus Cristo? Qual é o relacionamento dele com o Pai? Ele teve um início criado? Como é possível que ele fosse plenamente humano bem como plenamente divino? Aliás, por que essa questão é importante? E que documentos a igreja deveria aceitar como sua "Escritura"?

"Nós cremos numa única santa igreja católica e apostólica." A história sem verniz da igreja oferece um testemunho ambíguo. Por exemplo, nossa lembrança dos mártires exige que também nos lembremos de que a igreja por vezes recorreu à perseguição depois de obter a aprovação e o poder imperial. O registro histórico que propicia um credo unificador também remonta a uma igreja que agora parece irremediavelmente esfacelada. Muitas vezes, na Idade Média, a igreja pareceu bem mais interessada em possuir os reinos deste mundo do que em entrar no reino do humilde Galileu. A história da Reforma

Protestante do século 16 fala da recuperação doutrinal. Mas também mostra protestantes se dividindo por causa das mesmas doutrinas que geraram a Reforma. E, em nome do Príncipe da Paz, menos de duas décadas depois de Martinho Lutero afixar suas 95 teses (1517), católicos romanos e protestantes estavam assassinando muitos pacifistas anabatistas.

"Nós cremos numa única santa igreja católica e apostólica" quando muitos perdem a esperança na igreja e, isolados, procuram um mundo religioso pessoal. Todavia, apesar do ambíguo histórico religioso da igreja e de seus ventos contrários atuais, a declaração de Jesus de Nazaré permanece inalterada e inabalável: "... edificarei a minha igreja, e as portas do inferno não prevalecerão contra ela" (Mt 16.18, RA). Pela autoridade do Pai e pelo poder do Espírito Santo, o Senhor da igreja terá para si um povo, seu corpo, a companhia do Espírito Santo, como vanguarda do inaugurado reino de Deus. Quem perde a esperança na igreja perde a esperança em Cristo. As obras do Espírito Santo para a construção da igreja, para torná-la uma boa-nova do evangelho de Deus, continuam evidentes e intactas. Por menos atraente que às vezes a igreja possa parecer, ela ainda é a esposa de Cristo sendo preparada para o banquete nupcial do Cordeiro.

Uma das principais diferenças entre os pais que apareceram no primeiro volume e os mestres que povoam as páginas deste segundo é que, por volta de 323 d.C., a igreja já não enfrentava o perigo de perseguições em massa promovidas pelo império. Embora o poder imperial por vezes se voltasse contra pessoas vistas por um imperador como hereges, os líderes cristãos podiam agora devotar suas energias à consolidação da fé da igreja. O Espírito Santo suscitou líderes para guiar sua igreja. Eles deixaram uma mina de tesouros que podem enriquecer muito nossa fé e testemunho. Com reverência nós nos associamos à sua irmandade e passamos a ser estudantes enquanto eles nos ensinam a edificar sobre aquela fundamentação segura, que é Jesus Cristo (1Co 3.11).

Um breve esboço biográfico precede os textos selecionados de cada personalidade aqui mencionada. Uma oração (muitas vezes um hino) e referências bíblicas* para reflexão acompanham cada leitura. Em muitos casos, foi necessário parafrasear as traduções em domínio público.

* Referências bíblicas em negrito identificam versículos bíblicos citados ou parafraseados nos excertos selecionados e nas orações.

EUSÉBIO DE CESAREIA

Eusébio, bispo de Cesareia na Palestina (c. 263–339 d.C.), é mais conhecido como o pai da história eclesiástica. Ele foi o primeiro a escrever uma extensa história dos primeiros trezentos anos da igreja. Tornou-se um aluno tão dedicado de Pânfilo († 309 d.C.) que assumiu o nome de Eusebius Pamphili (filho de Pamphilius). Não se deve confundir esse Eusébio com Eusébio de Nicomédia († 341 d.C.), um ariano confesso.

Pouco sabemos sobre os primeiros anos de vida de Eusébio. Provavelmente nasceu em Cesareia, onde foi batizado. Seu pai talvez tenha sido uma figura de destaque social. A razão de supormos esses detalhes é que, durante a perseguição iniciada pelo imperador Diocleciano (r. 284–305 d.C.), Pânfilo e outros cristãos de Cesareia foram martirizados. Eusébio foi preso, mas não martirizado, talvez por causa da influência de sua família.

Sucedeu a Pânfilo como diretor da biblioteca de Cesareia e provavelmente foi ordenado presbítero quando a perseguição começou a arrefecer. Por volta de 313 d.C., mais ou menos na época do Edito de Milão, que estabeleceu a tolerância imperial dos cristãos, Eusébio tornou-se bispo de Cesareia. Foi um dos bispos e teólogos mais influentes nos primórdios da igreja. Registros indicam que, quando o Concílio de Niceia se reuniu (325 d.C.), Eusébio sentou-se à direita de Constantino. Ele fez o discurso de abertura em nome do imperador. Tanto o admirava que escreveu *A vida de Constantino*, além de um panegírico endereçado ao imperador.

Como diretor da biblioteca de Cesareia, Eusébio teve a oportunidade de escrever sua *História eclesiástica*, iniciada durante a perseguição de Diocleciano. Nela Eusébio trabalhou para mostrar que, com a conversão de Constantino e seu reconhecimento da igreja, a história da humanidade havia atingido seu ponto mais alto. Eusébio escreveu muitas obras. Em *Preparação para o evangelho*, mostrou a superioridade do cristianismo em relação a religiões e filosofias pagãs. Em *Demonstração do evangelho*, mostrou como Jesus cumpriu a profecia do Antigo Testamento. Sua *Crônica da história universal*, em dois volumes, estende-se de Abraão até Constantino (325 d.C.).

Nenhuma língua é capaz de expressar a eternidade, o valor, o ser e a natureza de Cristo. É por isso que o divino Espírito Santo indaga nas profecias: "E quem pode falar dos seus descendentes?" [NVI]. Ninguém conhece o Pai exceto o Filho; e ninguém pode conhecer o filho plenamente exceto apenas o Pai. Pois quem além do Pai poderia entender claramente a Luz que existia antes que houvesse mundo, a Sabedoria que existiu antes de todas as eras, a Palavra viva que existia no começo com o Pai e era Deus, o verdadeiro Filho unigênito de Deus que existia antes de todas as criaturas visíveis e invisíveis, o Comandante em chefe do exército angélico, o Executor do testamento do Pai, o Criador (com o Pai) de todas as coisas, o Senhor e Deus e Rei de todos os reinos de todas as coisas criadas, o Único que recebeu do Pai domínio e poder, com força e honra?

EUSÉBIO DE CESAREIA, *HISTÓRIA ECLESIÁSTICA*, VOL. I, CAP. 2, SEÇÕES 2-3

Ó Mestre, Cristo nosso Deus, Rei de todos os tempos e Criador de todas as coisas, eu te agradeço por todas as coisas boas que me concedeste. Tu que és bom e amas toda a humanidade, guarda-me sob tua proteção e à sombra de tuas asas. Permite-me, com uma consciência pura, até meu último suspiro, participar dos teus santos mistérios para a remissão dos pecados e a vida eterna. Pois tu és o Pão da Vida, a Fonte de santidade, o Doador de coisas boas, e a ti nós atribuímos glória: ao Pai, ao Filho e ao Espírito Santo, agora e para todo o sempre, pelos séculos dos séculos. Amém.

EXTRAÍDO DE UMA ORAÇÃO DE BASÍLIO MAGNO

PARA REFLETIR: Is 53.8; Mt 11.27; Lc 1.46-55; Jo 1.1-18; 5.31-47; 8.12-30; 17.1-26; Ef 1.3-14; Cl 1.15-23; 1Jo 1.1-4; Ap 19.1-8

ATANÁSIO

Com exceção do apóstolo Paulo, ninguém sofreu mais para manter a fé cristã inviolável do que Atanásio (c. 296–373 d.C.), bispo de Alexandria. Ninguém percebeu mais claramente a facilidade com que a fé poderia ser dissipada. Ninguém foi mais admirado por seus seguidores ou mais desprezado por seus inimigos.

Um admirador, Gregório de Nazianzo (c. 330–390 d.C.), disse que no Concílio de Niceia o Espírito Santo usou Atanásio para "pôr fim à moléstia do arianismo" (*Discursos*, nº 21, seção 14). Mas o imperador Constâncio (317–361 d.C.), um ariano, julgou Atanásio "um sujeito pestilento" que com razão foi "conduzido de um lugar para outro, culpado dos crimes mais abjetos" (carta citada em Atanásio, *Apologia ao imperador*, seção 30). A irredutível defesa da fé apostólica fez que Atanásio fosse expulso de Alexandria cinco vezes. Dos 45 anos de seu episcopado, 17 foram passados no exílio.

Atanásio, pequeno em estatura, com um rosto radiante e inteligente, nasceu em Alexandria ou em suas imediações. Seus escritos mostram que ele teve uma educação secular sólida.

Por volta do ano 313 d.C., tornou-se secretário de Alexandre, bispo de Alexandria e provavelmente aluno da escola catequética daquela cidade. Seu espírito dedicado, sua mente disciplinada, seu relacionamento com ascetas do deserto e a experiência de ter vivido a perseguição imperial o prepararam para o corajoso e brilhante serviço prestado ao seu Senhor.

Em 325 d.C., acompanhou o bispo Alexandre em sua viagem a Niceia para o grande concílio. Embora não fosse membro do concílio, de certo modo sua argúcia teológica se destacou. A ele devemos principalmente uma feliz declaração da plena divindade de Cristo hoje cristalizada no Credo Niceno. Contra os arianos que viam no Filho a primeira e maior criação do Pai, Atanásio argumentou com sucesso que o Cristo tem a mesma substância, ou divina essência, do Pai.

Embora o Credo Niceno afirmasse a plena divindade de nosso Senhor, a batalha para cristalizar essa confissão na crença da igreja continuou por quase cinquenta anos. Até sua morte, Atanásio esforçou-se para garantir a permanência da ortodoxia. *Contra os pagãos* e *Sobre a encarnação do Verbo* constituem dois de seus escritos mais importantes.

2

Em toda parte a natureza exibe ordem, harmonia, proporção e organização ao invés de desproporção e desordem. Portanto, deveríamos ser levados a reconhecer o Mestre que organizou todas as coisas e produziu nelas um efeito harmonioso. Embora ele não possa ser visto a olho nu, mesmo assim, considerando-se a ordem e harmonia das coisas criadas, é possível perceber o Soberano, o Organizador e Rei delas. Se nos fosse dado conhecer uma cidade constituída por cidadãos diferentes entre si em muitos aspectos, mas convivendo unidos de forma ordenada, nós concluiríamos que um único soberano produz a concórdia.

A ordem e organização do mundo mostram que o Verbo de Deus é seu Soberano e Comandante. Ele é um só, não muitos. Se houvesse mais de um Soberano da criação, a ordem universal estaria perdida.

Se acaso ouvíssemos uma lira de muitas cordas sendo tangida ao longe, e se nos maravilhasse sua harmonia, concluiríamos que ela não está tocando sozinha. Assim também, a ordem do universo tem um Soberano e Rei. Por sua própria luz o Deus que adoramos é o único Senhor da criação. Santíssimo e acima de todas as coisas criadas, ele é o Pai do Redentor por quem o mundo foi criado. Como o capitão de um navio, nosso Senhor e Salvador dirige, preserva e ordena todas as coisas.

Atanásio, *Contra os pagãos*, parte 3, seções 38, 40

Ó Deus, que maravilhosamente criaste e de modo ainda mais maravilhoso restauraste a dignidade da natureza humana, concede-nos que participemos da vida divina daquele que se humilhou para participar de nossa humanidade, teu Filho Jesus Cristo, nosso Senhor. Amém.

"Liturgia da Palavra", A grande vigília pascal, LOC

PARA REFLETIR: Jó 9.1-13; 12.7-12; 26.7-14; Sl 33.1-9; 65.5-13; Jo 1.1-4; 2Co 4.6; Hb 1.1-3

3

O Filho de Deus é o Verbo e a Sabedoria do Pai. Ele agiu para criar todas as coisas e encarnou-se para comunicar o conhecimento de seu Pai. Cristo é o próprio Brilho e Vida do Pai. Ele é a Porta, o Pastor, o Caminho, o Regente e Salvador de tudo. Tendo tal Filho, o Pai não o escondeu de suas criaturas. Todos os dias, mediante o trabalho do Filho, o Pai se revela. O Salvador diz: "Eu estou no Pai, e o Pai está em mim". Isso significa que o Verbo vive eternamente com o Pai que a gerou. Os seres humanos, em sua insensatez, rejeitaram o conhecimento do Verbo e o serviço devido a ele. Honraram "senhores" que não existem, em vez de adorar o Senhor eterno. Criando deuses a partir de coisas que não existem, eles serviram à criatura em vez de servir ao Criador. É como se alguém se pusesse a elogiar um instrumento musical, mas desprezasse o artesão que o fez e afinou. Concluiríamos que tal julgamento seria fruto da loucura. Em contrapartida, a imortalidade e o reino dos céus são frutos da fé e devoção a Deus. Mas primeiro a alma tem de ser ordenada segundo a vontade de Deus.

ATANÁSIO, *CONTRA OS PAGÃOS*, PARTE 3, SEÇÃO 47

Bendito Senhor Jesus, encarnando a eterna graça, tu és o Mensageiro bem como a mensagem do evangelho. Tu praticaste o evangelho na terra com infinita compaixão, recebendo insultos, injúrias e morte para que nós fôssemos redimidos, resgatados, libertados. Bendito és tu, ó Pai, por conceberes este Caminho de redenção. Louvor eterno a ti, Santo Espírito, por aplicar o evangelho ao nosso coração. Gloriosa Trindade, imprime o evangelho em nossa vida até que a redenção e a santidade se espalhem por toda parte. Amém.

EXTRAÍDO DE ARTHUR BENNETT, ED., *O VALE DA VISÃO*, P. 35

PARA REFLETIR: Jo 3.31-35; 8.12-29,42-59; 10.1-21; **14.5-14**; Rm 1.18-32; 1Co 8.4-6; Fp 2.5-11; 1Tm 6.11-16

4

Quando falamos da vinda do Salvador para nosso meio, devemos também falar da origem da humanidade. Nós fomos a razão da vinda do Salvador. Deus criou os seres humano à sua imagem e quis que permanecêssemos na incorruptibilidade. Não só Deus criou os humanos a partir do nada, mas também pela graça de seu Verbo ele por livre vontade nos concedeu vida em comunhão com ele. Somente continuando em comunhão com Deus, fazendo sua vontade, poderia a humanidade ter preservado a semelhança com Deus e ter garantida a imortalidade. Mas a humanidade desprezou e rejeitou a comunhão com Deus. As pessoas tramaram o mal para si mesmas e, consequentemente, receberam a condenação da morte com a qual haviam sido ameaçadas. Assim como os homens haviam sido criados do nada, por causa de seus pecados se viram diante de um eventual retorno ao "nada", isto é, à morte e à desintegração. Aquelas mesmas transgressões convocaram a amorosa bondade do Verbo. Encarnado, ele logo tratou de nos ajudar. Com vistas à nossa salvação, tratou-nos com carinho.

Atanásio, *Sobre a encarnação do Verbo*, seções 4-6

Ó Deus de toda graça, tu enviaste Cristo, o Salvador. Cultiva agora em nós a fé necessária para vivermos nele, para fazermos dele nosso ardente desejo, nossa esperança e glória. Que entremos em Cristo como um navio entra num porto seguro; que andemos somente em seu caminho e o sigamos como nosso Guia. Que nos conformemos com ele como nosso Exemplo, recebamos sua palavra como nosso Profeta, recorramos à sua intercessão como nosso Sumo Sacerdote e lhe sirvamos como nosso Rei. Em nome do Pai, do Filho e do Espírito Santo, um só Deus, para sempre bendito. Amém.

PARA REFLETIR: Gn 1.26-28; 2.7-18; 6.1-8; Sl 82.6; 95.1-7; Ec 7.29; Sabedoria 6.18 (deuterocanônico); Jo 3.14-21; Rm 1.21-22; 3.1-20; 5.14; 1Jo 3.1-3

◇◇◇◇◇◇◇ **5** ◇◇◇◇◇◇◇

Tendo a morte conquistado poder sobre a humanidade por causa do pecado, e a corrupção afetando todos os seres humanos, a espécie humana estava perecendo. A maior obra das mãos de Deus ia se dissolvendo; o que significava ser uma "pessoa" iria desaparecer. A morte detinha lícito direito sobre todos nós, e era impossível evadir-se das consequências de violar a lei de Deus. As perspectivas eram monstruosas e inaceitáveis. Por um lado, se depois de sua transgressão o homem não morresse, a palavra de Deus seria desmentida. Por outro lado, era indecoroso que, tendo outrora participado do Verbo de Deus, a criação divina se aviltasse em libertinagens. Teria sido uma ofensa à bondade de Deus permitir que sua criação decaísse por causa da artimanha de Satanás.

O que deveria Deus em sua bondade fazer? Permitir que a corrupção prevalecesse? Permitir que a morte nos prendesse com firmeza? Se esse fosse o caso, em primeiro lugar qual teria sido a vantagem de termos sido criados por Deus? Melhor seria se nós outrora não houvéssemos sido criados do que, sendo criados, acabarmos relegados à destruição. Além do mais, isso teria mostrado fraqueza, não bondade e poder, em Deus. Se Deus nunca tivesse criado nada, ninguém poderia tê-lo acusado de fraqueza. Deixar-nos desesperadamente escravizados à corrupção estava fora de questão, era inaceitável e indigno da bondade de Deus.

Atanásio, *Sobre a encarnação do Verbo*, seções 6-7

Senhor Todo-poderoso, como discípulo de Jesus eu não busco estar entre os ricos e poderosos, mas entre os que estão sob a tutela do Espírito Santo. Que minha suprema e permanente paixão seja garantir as bênçãos que são de natureza espiritual, eternas em duração e agradáveis em posse. Que eu seja completamente reconciliado com tua vontade. Que eu não te siga com hesitação, mas com uma disposição santa e constante, para louvor do Deus trino, Pai, Filho e Espírito Santo. Amém.

PARA REFLETIR: Gn 2.15; Mt 18.10-14; Lc 15.1-32; Rm 5.12-21; 2Co 5.11-21; Gl 3.19-20; 1Pe 1.3-12

Então, mirando esse objetivo, o incorpóreo, incorruptível e imaterial Verbo de Deus veio para nosso meio. Mas ele nunca havia estado distante de nós. Está em todas as coisas em toda parte, mesmo continuando presente junto ao Pai. O Verbo dignou-se derramar sobre nós sua amorosa bondade. Viu que estávamos sucumbindo, que a morte reinava sobre nós, e que a corrupção nos prendia com firmeza. A lei de Deus a respeito da transgressão e da morte não podia ser ignorada. Vendo a imensa ruptura que surgiu — aquilo que o Verbo havia criado estava agora se decompondo na morte —, e vendo como estávamos sob a pena de morte, o Verbo de Deus se compadeceu de nossa raça e teve misericórdia de nossa enfermidade. Nosso Senhor se recusou a deixar que a morte se apossasse de sua criação.

O Verbo de Deus não apareceu simplesmente para encarnar-se. Pelo contrário, ele assumiu para si um corpo exatamente como o nosso, de uma virgem imaculada. Sendo ele mesmo poderoso e o Artífice de todas as coisas, o Verbo de Deus preparou o corpo da virgem como um templo para si. De forma plenamente humana, nosso Senhor foi revelado e aqui habitou. Assumindo um corpo como o nosso e submetendo-se à pena da corrupção da morte, Cristo se entregou à morte por nós. Ele se ofereceu em obediência ao Pai.

Atanásio, Sobre a encarnação do Verbo, seção 8

Deus conosco, Emanuel,
Aqui veio lá do céu;
Sobre a decaída raça
Derrama a abundante graça.
Celebrai a grande dita:
Conosco Jesus habita!
Christopher Wordsworth (1807–1855), Hinário

PARA REFLETIR: Mq 5.2; Mt 26.23-46; Lc 1.26-35,38-56; 2.1-20; Jo 1.14; At 17.27; Gl 3.15-18; Fp 2.5-11; Cl 1.15-20

Quando a impiedade e a idolatria dominaram o mundo, e o conhecimento de Deus foi ocultado, quem ficou responsável por ensinar ao mundo sobre o Pai? "O homem", poderiam responder alguns. Mas nenhum mero ser humano tinha a credibilidade necessária. Com toda a humanidade afetada e confusa pelo engano do diabo, como poderia um ser humano decaído redimir seus semelhantes? Ou será que talvez a própria criação pudesse ter providenciado a redenção? Se assim fosse, então, em primeiro lugar, o pecado não teria entrado no mundo. A criação era uma testemunha incapaz quando os humanos, em seu estado de pecado, ficaram impotentes.

Exigia-se o próprio Verbo de Deus. Só ele conhece toda a pessoa e dá vida à criação. Só ele poderia restaurar plenamente o conhecimento do Pai. Mas como? Alguém poderia dizer: pelo mesmo meio que o Verbo usou no começo. Mas isso já não era uma certeza, porque os humanos já haviam deixado de dirigir o olhar para o Pai. Pelo contrário, cheios de orgulho, eles o fixavam na criação.

Assim, determinado a redimir a humanidade, o Verbo de Deus escolheu habitar entre nós. Encarnou-se e ensinou-nos exatamente por meio das coisas que havia criado. Havíamos fracassado em conhecer Deus mediante sua providência. Mas, graças a nosso Senhor, podemos conhecer o Pai por meio dele.

Atanásio, Sobre a encarnação do Verbo, seção 14

Ó Deus, cujos maravilhosos feitos dos tempos antigos brilham até hoje; tu outrora, pelo poder de teu braço forte, libertaste teu povo escolhido da escravidão do faraó, a fim de seres para nós sinal da salvação de todas as nações. Concede que todos os povos da terra sejam incluídos entre os descendentes de Abraão, rejubilando-se na herança de Israel, por meio de Jesus Cristo, nosso Senhor. Amém.

"Liturgia da Palavra", A grande vigília pascal, LOC

PARA REFLETIR: Lc 2.25-32; Jo 5.16-30; Ef 1.3-12,17-22; 2.1-10; Cl 1.9-23; 1Pe 1.13-24; Ap 5.12-13; 12.10-12; 19.1-8

8

Em todos os sentidos concebíveis o Verbo encarnado revelou o Pai à humanidade. Se os seres humanos contemplaram com assombro a Criação, viram que ela mesma professava a Cristo como Senhor. Se a mente deles se inclinou a tratar os seres humanos como deuses, nesse caso as obras do Salvador entre eles mostraram que Cristo era o Filho de Deus. Das obras realizadas por seres humanos, nenhuma delas se compara com as obras do Verbo de Deus. Se pessoas imbuídas de preconceitos sobre espíritos malignos viram Cristo expulsar demônios, elas aprenderam que só o Verbo de Deus, não qualquer demônio, era Deus. E se os humanos, que haviam caído tanto a ponto de adorar heróis mortos e os deuses mencionados pelos poetas gregos e romanos, contemplaram o Cristo ressurreto, eles admitiram que aqueles antes adorados por eles não eram deuses de modo algum.

Somente o Senhor é o verdadeiro Verbo do Pai, sendo Senhor até da morte. Em consequência disso, o Filho de Deus pôde nascer de uma virgem, viver entre nós como plenamente humano, ser injustamente crucificado e ressuscitar de novo. Sua graça assiste as obras e meios de todas as pessoas, de modo que, independentemente dos rumos aos quais seus interesses possam levá-las, Cristo pode vir ao encontro delas, chamar de volta os desobedientes e conduzi-los ao Pai. Realmente, Cristo "veio buscar e salvar o que estava perdido".

ATANÁSIO, *Sobre a encarnação do Verbo*, SEÇÃO 15

Ó Senhor, nós te suplicamos e, com amor e muita esperança, acreditamos que tu podes nos dar a graça celestial do Espírito, e que o próprio Espírito pode nos governar e conduzir ao cumprimento da perfeita vontade do Pai. Que sejamos revigorados com os múltiplos refrigérios do Espírito. Para a glória do Pai, do Filho e do Espírito Santo, um só Deus, para sempre bendito. Amém.

MACÁRIO-SIMEÃO, *Cinquenta homilias espirituais*,

HOMILIA 18, SEÇÃO 11

PARA REFLETIR: Mt 4.23-25; 8.14-17; **Mc** 3.22-29; **Lc** 4.40-41; **19.1-10;** Jo 10.1-11; At 8.7; 16.16-18

◇◇◇◇◇◇ **9** ◇◇◇◇◇◇

Na cruz o Verbo encarnado venceu o pecado e a morte. Tão enfraquecido ficou Satanás que aqueles que outrora foram por ele enganados agora zombam dele, pois a morte já não é temida pelos discípulos de Cristo. Antes da vinda do Salvador, a morte aterrorizava até mesmo os santos. Mas agora, por causa da ressurreição de nosso Senhor, os cristãos sabem que a morte finalmente não pode mais ameaçá-los. Sabem que um dia o Senhor ressurreto induzirá a mortalidade deles a assumir a imortalidade e fará a corrupção ceder à incorruptibilidade.

Sim, o diabo outrora maliciosamente se rejubilava por causa da morte. Agora, depois que seu terror foi anulado, a morte morreu. Antes de as pessoas se tornarem cristãs, a morte é um terror. Elas se acovardam na presença de Satanás. Mas, quando se tornam discípulas, seu desprezo pela morte as capacita a morrer como testemunhas [*martyres*, em grego] de seu Redentor.

Quando um rei poderoso derrota um tirano, todos os que passam ridicularizam o vencido. E o insultam porque já não temem sua brutalidade. Na cruz o Salvador desmascarou e conquistou a despótica morte, atando-lhe as mãos e os pés. Agora, todos os que estão em Cristo podem zombar: "Ó morte, onde está sua vitória? Ó morte, onde está seu aguilhão?".

Atanásio, *Sobre a encarnação do Verbo*, seção 27

A poderosa vítima divina
O feroz poder do inferno elimina;
Tu conquistaste na luta,
Vida e luz com tua conduta.
Hino latino (séc. 4 d.C.), da trad. de Robert Campbell
(1849), Hinário

PARA REFLETIR: Jó 17.11-16; Sl 4.4; 55.4; 89.47; Jo 11.1-44; At 2.24; Rm 6.1-14; **1Co 15.1-58**; Ap 1.9-18

Se pelo poder da cruz e pela fé em Cristo a morte foi espezinhada, deve ficar bem claro perante o tribunal da verdade que ninguém mais senão o próprio Cristo foi a razão disso. Ele sozinho exibe os troféus do triunfo sobre a morte. Ele sozinho forçou a morte a ser privada de seu poder. Quando de manhã o sol se levanta, fica alguma dúvida de que ele dissipou a escuridão? Assim também, depois da manifestação do Senhor na carne e sua morte na cruz, os cristãos sabem por que eles devem desprezar a morte. Para eles está muito claro que seu Salvador levou a morte à impotência.

Dia após dia o Salvador exibe sua vitória em seus discípulos. Quando se veem seres humanos, fracos por natureza, não temendo a corrupção da morte, quem seria tolo a ponto de não perceber que Cristo lhes dá a vitória? Quem observa uma serpente sendo pisada, sabendo de seu potente veneno, já não duvida de que ela está morta. Ou quem poderia ver crianças fazendo troças de um leão e duvidar de que ele está morto ou imobilizado? Assim também, agora que os discípulos de Cristo escarnecem da morte, que ninguém duvide de que Cristo derrotou a morte e destruiu sua corrupção.

ATANÁSIO, *SOBRE A ENCARNAÇÃO DO VERBO*, SEÇÃO 29

Neste júbilo pascal,
Que suma o pecado e mal;
Morrendo o Senhor na cruz
Encheu-nos de gozo e luz.
GEORGE R. WOODWARD (1848–1934), HINÁRIO

PARA REFLETIR: Rm 8.28-39; 1Co 15.1-11; Cl 3.1-17; 1Pe 1.3-11; 4.1-11

A humanidade havia pecado e caído. Todas as coisas ficaram confusas. A morte prevaleceu, e a criação sofreu as consequências. O inferno se abriu, o céu se fechou. A humanidade se corrompeu e se brutalizou. O diabo exultou.

Mas Deus, com sua amorosa bondade, não queria que a raça humana, criada à sua imagem, perecesse. O Pai perguntou: "Quem devo enviar?". O céu fez silêncio. Mas o Filho de Deus disse: "Eis-me aqui; envia-me". O Pai determinou que seu Filho se encarnasse, tornando-se plenamente humano, e com isso restaurasse a humanidade. Como alguém posto sob os cuidados de um médico, a humanidade foi posta sob os cuidados do Verbo encarnado para curar-se da ferida da serpente. O Salvador reavivaria o que estava morto e iluminaria a escuridão da humanidade. Por ser ele o Verbo [*logos*, em grego] de Deus, ele restauraria no homem a natureza racional [*logikon*, em grego].

O Pai havia posto todas as coisas sob os cuidados do Filho encarnado. Todas as coisas foram corrigidas, e a redenção foi consumada. A terra recebeu uma bênção para substituir sua maldição; o céu foi aberto para o ladrão; a morte acovardou-se; os mortos foram ressuscitados; e as portas do céu se abriram de par em par para receber o Senhor.

O vitorioso Salvador agora também convida a todos os que estão "cansados e sobrecarregados". Tendo nós ficado pobres, ele nos faz ricos; tendo passado fome, ele nos alimenta; tendo descido ao Hades, ele nos faz subir ao céu; e ele, morrendo, aboliu a morte que outrora pairava sobre nós.

ATANÁSIO, SOBRE LUCAS 10.22, SEÇÃO 2

Grandes e maravilhosos são teus feitos, Senhor Deus Onipotente.
Aleluia, aleluia, aleluia! Amém.

PARA REFLETIR: Sl 24.7; 49.12; **Is 6.8**; 63.1; **Mt 11.28**; Jo 1.3; 3.35; At 22.1-21; Rm 5.12-21; 8.1-17; 2Co 5.11-21; Gl 5.1-26; Ef 1.10

HILÁRIO DE POITIERS

Em Hilário (c. 300–368 d.C.), bispo de Poitiers, encontramos outro defensor da fé ortodoxa que, a exemplo de Atanásio, sofreu perseguição sob um imperador romano que era leal a uma forma herética de cristianismo. Hilário era filho de uma distinta e provavelmente pagã família de Poitiers (centro-oeste da França). Ele acabaria se tornando um importante teólogo latino no auge da controvérsia ariana. Em virtude de sua defesa da doutrina ortodoxa, ele é às vezes chamado o Atanásio do Ocidente.

Hilário recebeu uma educação pagã em filosofia e retórica. Mas ele também se incumbiu do estudo das Sagradas Escrituras. Nelas encontrou a verdade que vinha procurando. Renunciou à sua vida idólatra e foi batizado como cristão. Graças a seu zelo pela fé e sua educação e capacidade de liderança, três anos após sua conversão ele foi escolhido como bispo de Poitiers (350 d.C.). Em 255 d.C., um concílio convocado pelo imperador Constâncio II (um dos filhos de Constantino) reuniu-se em Milão. Constâncio havia banido Atanásio de Alexandria pouco depois de 350 por causa de sua inflexível defesa do Concílio de Niceia. Constâncio queria que seu concílio endossasse a condenação contra Atanásio. Os membros do concílio concordaram facilmente. No processo, recusaram-se a ouvir a defesa que Hilário fez de Atanásio.

Constâncio mandou Hilário assinar a condenação de Atanásio, mas ele se negou. Em 357 d.C., Constâncio respondeu banindo Hilário para a Frígia, na Ásia Menor. Durante os três anos de exílio, Hilário escreveu numerosos ensaios e sua obra maior, *Sobre a Trindade*, uma vigorosa defesa da divindade de Cristo e da Trindade.

Em 360 d.C, Constâncio devolveu Hilário à Gália a pedido de alguns extremistas arianos que disseram ao imperador que Hilário estava causando muita oposição contra os arianos. Em

361, Hilário voltou para ter uma recepção festiva na Gália e reassumiu seu ofício de bispo. Em 364, viajou para Milão para debater com o bispo ariano Auxêncio. Há um relato segundo o qual Hilário conseguiu convencer Auxêncio; mas há outro afirmando que, para proteger o bispo ariano, o imperador expulsou Hilário da cidade. Até sua morte em 367 ou 368, Hilário trabalhou destemidamente para consolidar uma igreja e um estado ortodoxos. Ele é um dos doutores da igreja.

12

(Sobre o pecado da obstinação.)

A doutrina cristã está sempre exposta às ameaças de quem está iludido pelo erro, de quem entende erroneamente a fé, ou de quem está sob o domínio do preconceito. Com demasiada frequência, nossas crenças se baseiam em pretextos, e não em evidências. Em casos em que posições e interpretações errôneas já foram adotadas, as pessoas se agarram a elas com obstinação, porque não é fácil eliminar a paixão da controvérsia. Nossa alegada busca da verdade é muitas vezes obstruída porque acabamos tentando provar aquilo em que já cremos. Essa ilusão pessoal prevalece sobre a verdade. A lógica da verdade é forçada a ceder ao ilógico preconceito. Esse tipo do "lógica" não motiva a vontade a buscar a verdade.

Dessas obstinadas batalhas entre nossos preconceitos e o que é verdadeiro surgem controvérsias na igreja de Cristo. A verdade luta para ser ouvida, mas em vão, porque permitimos que nossos petulantes preconceitos insistam em falar e justificar a si mesmos. Se não permitíssemos que o absurdo do preconceito obstruísse o pensamento equilibrado, então a verdadeira doutrina prevaleceria. Se fôssemos motivados por um desejo da verdade, em vez de um desejo de fortalecer nossos preconceitos, então aparentes contradições na doutrina cristã desapareceriam. Os cristãos começariam a desejar apenas o que é verdadeira em nossa fé.

HILÁRIO DE POITIERS, SOBRE A TRINDADE, LIVRO 10, SEÇÃO 1

Pai glorioso, nós oramos por tua santa igreja católica. Onde ela está corrompida, purifica-a; onde está em erro, dirige-a; onde está defeituosa, reforma-a. Onde está certa, fortalece-a; onde está deficiente, abastece-a; onde está dividida, reúne-a; em favor de de Jesus Cristo, nosso Salvador. Amém.

"PELA IGREJA", ORAÇÕES E AÇÕES DE GRAÇA, LOC

PARA REFLETIR: Jo 17.6-26; Rm 14.1—15.22; 1Co 2.10-25; 3.1-23; 6.1-11; 13.1-13; Jd 1.5-23

MACÁRIO-SIMEÃO
(PSEUDO-MACÁRIO)

Nas *Cinquenta homilias espirituais de São Macário do Egito* nos é dado acesso a uma rica instrução no discipulado cristão. A obra é marcada por sua identidade equivocada. Durante séculos acreditou-se que as *Homilias* tinham sido escritas por Macário do Egito (c. 300–390 d.C.), um reconhecido gigante da prática do ascetismo, que era também conhecido como Macário, o Velho; Macário, o Grande; e Luz do Deserto. Nascido no Alto Egito, por volta dos 30 anos Macário retirou-se para o deserto egípcio de Scetis, onde se tornou famoso por seus notáveis poderes de profetizar e curar. Esse Macário não deve ser confundido com o Macário de Alexandria, outro eminente pai do deserto.

Poucas gerações depois da morte de Macário, as *Homilias* foram atribuídas a ele. Embora permaneçam dúvidas sobre quem precisamente foi o autor, os estudiosos de patrística atuais estão seguros de que elas são fruto de um autor sírio. O nome de Simeão da Mesopotâmia (séc. 5 d.C.) é o candidato preferido à autoria da obra. Consequentemente, o autor é hoje identificado como Macário-Simeão ou Pseudo-Macário.

As *Homilias* exerceram impacto importante no monasticismo oriental. Também influenciaram bastante a espiritualidade ocidental. Dante, John Wesley, os jesuítas e o pietismo alemão atestam todos a influência delas. John Wesley publicou uma versão inglesa de 22 das *Homilias* em sua *Biblioteca cristã*, para ser usadas por metodistas. Sobre "Macário" Wesley disse que ele foi um santo vaso de misericórdia que havia sido temperado "com o aroma celestial da graça divina" ("Sobre Macário", vol. 1, *Biblioteca cristã*).

O apelo original e incessante das *Homilias* está no desafio que elas representam para todos os cristãos de buscar e provar diretamente a atividade transformadora e santificadora do Deus trino. Elas insistem que a obra de Deus na vida dos discípulos de Jesus é a essência da fé cristã. A realidade do discipulado é nada menos que comer e beber da verdade tal qual ela se encontra em Jesus Cristo. Embora as *Homilias* não defendam um misticismo individualista separado do corpo de Cristo, elas inflexivelmente insistem que todos os verdadeiros cristãos devem "percorrer o caminho da retidão com um propósito e uma vontade absolutos" (homilia 9, seção 13).

◇◇◇◇◇◇ **13** ◇◇◇◇◇◇

Os que querem tornar-se discípulos de Jesus devem cultivar os poderes do discernimento. Tendo adquirido uma delicada percepção da diferença entre o bem e o mal, entre o puro e o impuro, eles devem viver de modo transparente na presença do Senhor.

O poder do discernimento é o olho da alma. Vendo com transparência e agindo de acordo com isso, os discípulos de Jesus podem evitar a submissão à tentação. Imaginemos um viajante cauteloso passando por uma floresta onde há espinhos, áreas pantanosas e barrancos perigosos. Ele recolherá suas vestes junto ao corpo para evitar que os espinhos possam rasgá-las. Mas uma pessoa descuidada deixará suas roupas esvoaçarem soltas, sem prestar nenhuma atenção ao que lhe dizem os olhos.

Assim também, nós fomos vestidos com as belas vestes do Espírito Santo. Devemos empregar cuidadosamente a faculdade do discernimento enquanto passamos entre as moitas e precipícios deste mundo. Com cuidado e resolução, com discernimento e discriminação, movamos as vestes do Espírito Santo para cá e para lá, para evitar complicações com Satanás.

Permaneçam no Senhor e fiquem sob a guarda de sua graça. Somente na medida em que de todo o nosso espírito nós amarmos o Senhor, e somente na medida em que recebermos do céu um amor pelo Espírito Santo, herdaremos o reino de Deus. As riquezas do Espírito foram postas diante de nós.

Macário-Simeão, Cinquenta homilias espirituais,
homilia 4, seções 1-16

Senhor amado, eu procuro conhecer-te, amar-te e alegrar-me contigo. Se não consigo fazer isso à perfeição, que eu pelo menos possa atingir cada dia graus mais elevados até chegar perto da perfeição cristã. Deus da verdade, que meu conhecimento de ti cresça; que meu amor por ti aumente diariamente; que minha alegria em ti se torne plena. Amém.
Atribuído a Agostinho, bispo de Hipona, em *Prayers for Today*

PARA REFLETIR: Ne 6.1-13; 1Co 8.1-3,9; 12.1-12; 14.29; Ef 4.14; 5.1-2; 1Ts 5.19-22; Hb 12.1-13; 1Jo 4.1

◇◇◇◇◇◇ **14** ◇◇◇◇◇◇

Como uma abelha que em segredo vai formando seu favo na colmeia, assim também a graça em segredo forma o amor de Deus nas pessoas. A graça de Deus transforma seus filhos do amargor à doçura. E como um artesão que trabalha com prata burila uma placa, de modo que tão logo estiver pronta ela faísca em luz, assim também o Senhor, o divino artífice, burila nossa vida, transformando-a até que a beleza de Cristo rebrilhe.

Através de muitas estações e provas a graça de Deus, com paciência e sabedoria, opera misteriosamente na vida dos cristãos. Depois, um dia fica evidente que Deus esteve aperfeiçoando sua imagem neles o tempo todo; que eles estavam se tornando agradáveis ao Espírito Santo. De fato, podemos pacientemente seguir o Senhor por muito tempo sem ter consciência de tudo o que ele está realizando. Pense em quanto tempo foi preciso para Deus realizar seus propósitos em Abraão, José e Moisés, e por quais sofrimentos e angústias eles foram testados. Preparemo-nos, portanto, para viajar com o Senhor percorrendo o caminho da justiça com mente reta e propósito total. Obtenhamos, por meio da graça, a promessa do Espírito Santo.

Macário-Simeão, Cinquenta homilias espirituais, homilia 9, seções
1-13; homilia 16, seção 7

Que nós conheçamos a ti, ó Senhor que me conheces. Que eu te conheça como sou conhecido. Poder de minha alma, entra nela e adapta-a para ti mesmo, para que tu a tenhas e a guardes sem mancha ou ruga. Essa é minha esperança, por isso eu falo; e com essa esperança me alegro. Tu amas a verdade; quem pratica a verdade chega à luz. Isso eu farei em meu coração diante de ti e de muitas testemunhas. Amém.

Agostinho, Confissões, vol. 10, cap. 1, seção 1
(após a morte de sua mãe)

PARA REFLETIR: Rm 3.21-31; 5.1-21; 2Co 1.8-10; 7.1; Gl 5.16-26;
Fp 3.12—4.1; 1Pe 1.3-25

Os que realmente amam o Senhor, e os que com intensa esperança e fé querem revestir-se de Cristo, não aceitarão ser privados, nem mesmo temporariamente, de seu desejo apaixonado pelo Senhor. Estando pregados à cruz de Cristo, eles observarão diariamente em si mesmos um crescente amor por Deus. Entusiasmados com um anseio e fome celestiais pela santidade e uma vida virtuosa, seu desejo pelo Espírito Santo é insaciável. Não importa quanto já avançaram nas graças celestes e no conhecimento divino, eles não depositam sua confiança em si mesmos. Quanto mais partilham da alegria da graça celestial, tanto mais forte será seu anseio divino, e tanto maior sua diligência na procura dela. Quanto mais avançarem na piedade, tanto maior será sua fome e sede de participarem da graça divina e nela progredirem. Quanto mais opulentos se tornarem, tanto mais indigentes se julgarão. Quanto maior seu desejo pelo Noivo celestial, tanto mais preparados estarão para a vida eterna e a companhia do Espírito Santo.

Macário-Simeão, *Cinquenta homilias espirituais*,

HOMILIA 10, SEÇÕES 1-2

Respira em mim, ó Santo Espírito, para que meus pensamentos
sejam todos santos.
Atua em mim, ó Santo Espírito, para que meu trabalho
também seja santo.
Atrai para ti meu coração, ó Santo Espírito, para que eu ame
somente o que é santo.
Fortalece-me, ó Santo Espírito, para que eu defenda
tudo o que é santo.
Guarda-me, então, ó Santo Espírito, para que eu sempre seja santo.
Amém.

Atribuído a Agostinho, bispo de Hipona,
"Oração ao Espírito Santo", Feast of All Saints

PARA REFLETIR: Sl 31.14-24; Mc 10.32-45; Rm 6.1-14; 1Co 8.1-13; Gl 2.17-21; 6.12-16; 1Pe 1.3-11; 2Pe 2.28—3.24

Muitos cristãos são espiritualmente fracos. Não estão progredindo na paciência e longanimidade com vistas à santificação. Foram chamados para viver no Espírito Santo em sossego e segurança. Mas não almejaram que o Espírito Santo os libertasse das paixões carnais. Tendo recebido outrora a graça de Deus, deixaram-se enganar; ficaram satisfeitos com um exíguo avanço na graça. O resultado é orgulho em vez de humildade.

Em contrapartida, quem realmente ama a Deus imagina não ter realizado nada por si só. Tendo sido purificado pelo Espírito, santificado em corpo e alma, quem ama a Deus torna-se um vaso puro para acolher o Rei, até mesmo Jesus Cristo. Ele nos fará dignos da vida eterna, uma moradia limpa para o Espírito Santo.

Mas um avanço ilimitado na graça de Deus não acontece de repente ou sem provação. Suportando tentações, labores e lutas com predisposição e coragem, os discípulos de Jesus crescem em graça e em dons e riquezas espirituais. Assim eles se tornam herdeiros do reino dos céus em Cristo Jesus.

Macário-Simeão, Cinquenta homilias espirituais,
homilia 10, seções 2-5

Nós te pedimos, nosso Pai todo-misericordioso, que nos conceda o espírito de sabedoria para te desejar acima de tudo; o dom de entendimento para esclarecer; o dom de discernimento para te seguir; o dom de vigor para resistir a Satanás; o dom de conhecimento para distinguir o bem do mal; o dom de piedade para revestir-nos de amor e compaixão; o dom de temor para evitar todo mal e viver assombrados com tua majestade. Amém.

Boaventura, "Orações de São Boaventura", Liturgies.net

PARA REFLETIR: Mt 13.1-9; Lc 6.46-49; Rm 8.18-27; 12.1-2; Ef 3.14—4.6; 4.13—5.21; Fp 3.1—4.1; 2Ts 4.1-12; 2Pe 3.15-18

Imaginemos um rei que confiasse a administração de seu tesouro a um homem pobre. O homem que recebesse tal incumbência jamais alegaria ser dono desse tesouro. Sempre reconheceria sua pobreza e tomaria cuidado para não dilapidar o que a outro pertence. O tempo todo teria em mente que fora um rei poderoso e bondoso que lhe confiou o tesouro. Diria aquele pobre: "Quando assim quiser, o rei pode tirar o tesouro de mim".

Assim também deveríamos nós, que recebemos a graça de Deus, pensar a nosso próprio respeito. Somos apenas administradores de seu tesouro. Deveríamos ser humildes e sempre nos lembrar de nossa pobreza.

Agora, se o pobre que o rei escolheu como administrador começasse a pensar no tesouro como algo de sua propriedade, e se acaso se orgulhasse da riqueza de Deus como se fosse sua, o rei viria e lhe tiraria o tesouro. Então o homem ficaria em situação precária como antes. Se aqueles que receberam a graça de Deus se inflarem em seu coração, o Senhor tirará deles sua graça, e eles ficarão indigentes como antes.

MACÁRIO-SIMEÃO, *CINQUENTA HOMILIAS ESPIRITUAIS*,

HOMILIA 15, SEÇÃO 27

Senhor, ensina-me a te procurar, e revela-te a mim quando te procuro. Pois não posso te procurar se tu não me ensinas, nem te achar se tu primeiro não te revelares a mim. Que eu te procure almejando, e almeje por ti te procurando. Que eu te ache no amor, e te ame ao te achar.

AMBRÓSIO, BISPO DE MILÃO, "ORAÇÕES DE SÃO AMBRÓSIO",

2 HEARTS NETWORK

PARA REFLETIR: Sl 106.1-5; 138.1-8; 139.7-18; 143.10-11; Lc 12.42-44; 1Co 4.1-7; 2Co 7.1; Ef 5.19-21; Ap 7.15-17

◇◇◇◇◇ **18** ◇◇◇◇◇

Suponhamos que um rei encontrasse um homem pobre que fosse leproso. E suponhamos que, em vez de rejeitá-lo, o rei cuidasse de suas feridas e curasse suas chagas. E suponhamos que o rei levasse esse homem para seu castelo, o vestisse de púrpura e o tornasse seu corregente. Ora, isso é o que Deus fará em prol de todos os que estão perdidos no pecado. Ele os lavará e lhes curará as feridas. Depois os fará sentar-se à sua mesa para jantar com ele. Os benefícios da graça de Deus são incomparáveis.

Mas o que aconteceria se o cristão que foi curado e se sentou à mesa do Senhor se esquecesse de sua enfermidade anterior? O que aconteceria se ele deixasse o pecado tomar conta dele? Ele se tornaria uma cidade sem muros. Ladrões o atacariam de todos os lados. Saqueariam e queimariam sua cidade. Isso é o que acontece quando cristãos que foram redimidos se tornam espiritualmente desleixados. Vem Satanás e arrasa-lhes o espírito. Rouba-lhes as riquezas de Cristo e dispersa-os pelo mundo.

O pecado é um poder insidioso. Se o cristão não o combater, a maré do pecado o leva embora.

Macário-Simeão, *Cinquenta homilias espirituais,*
homilia 15, seção 47

Bendize ao Senhor, ó minha alma, e não te esqueças de todos os seus benefícios. Em sua graça, ele perdoou todas as minhas iniquidades e curou meu espírito enfermo. Saciou minha fome com coisas boas. Que eu nunca me esqueça de seus preceitos, porque por meio deles fui favorecido com a vida eterna. Que mediante o Espírito Santo eu possa confiar no amor e poder do meu Senhor, entregar-me totalmente a ele sem restrições, ostentar sua imagem, observar sua orientação, predispor-me a servi-lo e ser ao longo do tempo e da eternidade uma prova viva da eficácia de sua graça. Amém.

PARA REFLETIR: Mt 22.1-4; 25.1-46; Lc 14.25-34; 1Co 1.18-31; Gl 1.6-10; 5.1-26; Jd 1.3-16

19

Se uma pessoa é imensamente rica, ela pode comprar qualquer coisa que quiser. Poderia desejar obras de arte raras ou joias, ou comprar terras. Assim também, aqueles que buscam o Senhor terão acesso aos tesouros ilimitados do Espírito Santo. As riquezas conquistadas por Cristo inundarão a vida deles. Usando a riqueza do Senhor, o Espírito Santo administra prodigamente os dons de Jesus, as riquezas da retidão e da virtude.

Usufruindo da fortuna de Cristo, os cristãos somam riquezas divinas. Acumulam recursos para viver em retidão em Cristo Jesus e observar seus mandamentos. A invisível riqueza da graça foi abundantemente derramada em nosso coração. O apóstolo Paulo falou de um "tesouro em vasos de barro". Cristo se fez para nós sabedoria divina, retidão, santificação e redenção.

Imploremos então a Deus que ele nos conceda o tesouro de seu Espírito Santo, a fim de ficarmos capacitados para efetuar sua retidão. Pobres e despojados somos nós sem os tesouros do Senhor. Mas o Espírito Santo aguarda para distribuir a riqueza de Cristo.

MACÁRIO-SIMEÃO, *CINQUENTA HOMILIAS ESPIRITUAIS,*
HOMILIA 18, SEÇÕES 1-3

Ó Senhor, habilita-nos a nos devotarmos inteiramente a ti. Que nós nos apressemos a obter os benefícios proporcionados por tua graça. Santificados no corpo e na alma, e pregados na cruz de Cristo, faz--nos dignos do reino eterno, glorificando o Pai, o Filho e o Espírito Santo, para sempre. Amém.

MACÁRIO-SIMEÃO, *CINQUENTA HOMILIAS ESPIRITUAIS,*
HOMILIA 18, SEÇÃO 11

PARA REFLETIR: Jo 1.10-18; At 2.1-41; Rm 12.6-8; 1Co 1.30; 12.4-11,28; **2Co 4.7-12;** Gl 5.22-26

◇◇◇◇◇◇◇ **20** ◇◇◇◇◇◇◇

Os dons do Espírito visam impulsionar nos cristãos a prática de um amor perfeito para com Deus e os homens. Muitos cristãos, porém, feito crianças, fixam-se em dons espirituais tais como curas, revelações e profecias. A verdade é que somente no amor aperfeiçoado, não em dons espirituais, nós encontramos a garantia da perfeição cristã. Quando uma pessoa se torna completa no amor, ela se torna firmemente vinculada à graça de Deus. Sem isso, ainda é presa fácil do medo, do fracasso e de qualquer outra coisa que Satanás inventa.

Muitos cristãos recebem dons espirituais e pensam: "Já basta; não preciso de mais nada". Consequentemente, muitos se extraviam do caminho da graça. Eles deixam de enxergar que não há um ponto final para o crescimento na graça de Deus e para o conhecimento mais completo dele. Quem está aperfeiçoado no amor nunca diz: "Já entendi". Antes, busca avançar no amor de Deus, no entendimento dele.

Neste mundo, a aprendizagem não tem fim; o estudioso provou o gosto de aprender e deseja mais. Assim também, os que provaram o verdadeiro gosto de Deus reconhecem de boa vontade suas limitações e avançam na busca da infinita vida do amor e da graça.

Macário-Simeão, *Cinquenta homilias espirituais*,
homilia 26, seções 16-17

Ó Senhor, pelo poder do Espírito Santo, entrego meu coração aos teus cuidados, pois conheço as armadilhas daquele que nos ronda como um leão que ruge, procurando a quem devorar. Concede-me um discernimento alerta de suas tramas mortais. Faz que eu seja selado por teu Espírito. Torna meu coração um instrumento bem afinado que ecoe o louvor que mereces. Ensina-me a feliz arte de aplicar-me diligentemente às coisas temporais com a mente em perfeita sintonia com as realidades eternas. Amém.

PARA REFLETIR: Mt 5.48; 1Co 13.1-13; 2Co 7.1; **Fp 3.12—4.1;** Cl 3.12-17; Hb 6.1-3

Suponhamos que um rei por acaso encontrasse uma pobre donzela maltrapilha. Suponhamos que o rei removesse suas vestes sujas e esfarrapadas, a lavasse com cuidado e fizesse dela sua companheira. Que tal se ele lhe cedesse um lugar à sua mesa? Foi isso mesmo o que o Senhor fez quando nos encontrou caminhando sem rumo e em pânico. Ele nos deu o remédio da salvação, removeu nossas vestes desonradas pelo pecado e depois nos vestiu com régios trajes celestiais — os trajes do Deus trino —, totalmente brilhantes e esplendorosos. Pôs uma coroa sobre nossa cabeça, distinguindo-nos como seus filhos. Convidou-nos para a régia mesa do júbilo e contentamento. Esse é o significado do mistério do evangelho.

Portanto, reconheçamos nossa nobreza em Cristo. Ele nos exaltou elevando-nos a uma dignidade régia. Somos uma geração escolhida, um sacerdócio real e uma nação santa. A glória que se vê num rei terreno é perecível. Mas o reino e a riqueza do evangelho de Jesus Cristo nunca se ofuscarão ou terão fim.

É próprio da perfeita natureza da graça nos lembrar que, não fosse pela vinda do Salvador, nós ainda seríamos a pobre donzela maltrapilha abandonada à beira do caminho.

MACÁRIO-SIMEÃO, *CINQUENTA HOMILIAS ESPIRITUAIS*,
HOMILIA 27, SEÇÕES 3-4

É onipotente o rei da criação!
Louva-o, minh'alma; ele é tua salvação!
Irmãos e irmãs, vinde mais perto,
Todos unidos em adoração.
JOACHIM NEANDER (1680), DA TRAD. DE CATHERINE WINKWORTH
(1863), HINÁRIO

PARA REFLETIR: Rm 7.23; 2Co 3.4-6; 2Tm 4.6-8; 1Pe 2.4-10;
Ap 1.4-8; 5.10; 20.6

Ai da terra quando não há nenhum lavrador para cultivá-la! Ai do barco quando não há nenhum timoneiro! Arrastado pelos vagalhões do mar, o barco será destruído. Ai da alma quando ela não tem Cristo como seu divino timoneiro! Apanhando-se no oceano da escuridão do pecado, abalada pelas ondas da paixão e açoitada por ventos malignos, ela soçobra na perdição. Ai da alma quando ela não tem Cristo para cultivar seu solo, para garantir que ela produzirá o bom fruto do Espírito Santo! Deixada sem cultivo, acaba coberta de espinheiros e cardos.

Quem planta para cultivar o solo deve ter as roupas e os implementos adequados. Assim também, o Cristo Rei, o Agricultor celestial, ao vir para a humanidade arruinada pelo pecado, vestiu a verdadeira forma humana e carregou a cruz como seu implemento. Cultivou o desolado solo do espírito humano, removeu os espinheiros e os cardos e os maus espíritos. Arrancou a cizânia do pecado e queimou as ervas daninhas. Depois, o Agricultor encarnado cultivou o solo estéril com o madeiro da cruz. Plantou o belo paraíso do Espírito Santo e o adubou para que produzisse todo tipo de fruto agradável e doce para Deus.

MACÁRIO-SIMEÃO, *CINQUENTA HOMILIAS ESPIRITUAIS,*
HOMILIA 28, SEÇÕES 2-3

Ó Senhor Jesus, pelo Espírito daquele que te ressuscitou dos mortos, autoriza teu povo a incorporar tua liberdade e abraçar tua verdade, tornando-se arauto da libertação da tirania do pecado que tu ofereces a todos os que te buscarem como o Pastor de almas. Toda glória seja dada ao Pai, ao Filho e ao Espírito Santo, um só Deus eterno. Amém.

PARA REFLETIR: Jo 1.29-34; 1Co 1.17-18; Gl 6.14; Fp 2.8-11; Cl 1.20; 2.13-15; Hb 12.1-3

OS PAIS CAPADÓCIOS

(Os três pais capadócios trabalharam em harmonia e são aqui apresentados em grupo. Os excertos seguirão a ordem da apresentação.)

Por vezes a igreja dos primórdios alimentou uma crença correta antes que pudesse articular sua fé em termos precisos. Com frequência, pessoas que representavam mal a crença da igreja desenvolveram uma linguagem conceitual sobre ela considerada herética. Esses erros induziram os teólogos da igreja a corrigi-los e a desenvolver uma linguagem que declarava de modo apropriado a fé cristã. A eles nós somos eternamente gratos.

Uma das tarefas conceituais mais difíceis foi a de afirmar sem ambiguidades a certeza de que Deus é um só (Dt 6.4-5) e, ao mesmo tempo, expressar a divindade do Pai, do Filho e do Espírito Santo. Os cristãos celebravam com hinos e adoravam o Pai, o Filho e o Espírito Santo, e sabiam que neles haviam encontrado o verdadeiro Deus. Como declarar tudo isso sem errar numa ou noutra direção era um desafio formidável. A tarefa se tornou mais urgente em virtude da ação de um grande número de cristãos conhecidos como arianos, que ensinavam que só existe um único Deus, o Pai. O Filho é a primeira e mais nobre criação, mas não é Deus. Tampouco é Deus o Espírito Santo. O Concílio de Niceia havia condenado a posição de Ário e declarado que o Filho e o Espírito Santo são Deus, exatamente como o Pai. Mas seria possível fazer essa declaração numa linguagem convincente?

Felizmente, uma solução foi apresentada em grande parte por três bispos e teólogos que moravam na província romana da Capadócia. Eles ficaram conhecidos como os grande pais capadócios. São eles: Basílio Magno, bispo de Cesareia (c. 330--379 d.C.), seu irmão Gregório de Nissa (c. 335–394), e o amigo deles Gregório de Nazianzo (c. 330–390). Juntos eles possibilitaram a vitória da fé nicena.

Basílio Magno

Basílio foi o mais velho e mais distinto dos pais capadócios. Nascido numa família razoavelmente abastada e fervorosamente cristã, ele foi criado na fé. Sua irmã mais velha levou uma vida de asceta. Basílio recebeu uma educação sólida, primeiro em Cesareia e depois em Constantinopla e Atenas. Caracterizava-se por sua coragem e estabilidade. Em Cesareia fez amizade com Gregório, que mais tarde se tornaria bispo de Nazianzo.

Sua obra teológica surgiu como uma resposta a erros doutrinais, e não como uma tentativa de tratar da totalidade da doutrina cristã. Em *Contra Eunômio*, argumentou contra o ensinamento ariano de que o Filho é "gerado pelo Pai" e de que houve um tempo em que ele não existia. Basílio respondeu que o Filho é eternamente *gerado* ou originado pelo Pai e é eternamente da essência de Deus. Basílio, assim como fez Gregório de Nissa, também escreveu de modo convincente em defesa da plena divindade do Espírito Santo.

Basílio prosseguiu no esforço de achar, para o problema da Trindade, uma solução que pudesse se mostrar definitiva. Explicou que Deus é uma única *substância* ou *essência* em três pessoas. A distinção está entre o *geral*, o que é eternamente verdadeiro de cada pessoa trina, isto é, a divindade, e o que é *particularmente* característico de cada uma delas. A divindade é igualmente verdadeira em relação ao Pai, ao Filho e ao Espírito Santo. Não há nenhuma divisão ou diminuição de divindade. Mas há uma *particularidade* real, uma diferenciação de *propriedades*. A Paternidade é particular, o Filho é particular e o Espírito Santo é particular, mas a deidade é igualmente comum a todos os três. Há uma mútua coabitação das três pessoas sem que elas se confundam.

Gregório de Nissa

Gregório, irmão de Basílio, é conhecido por suas contribuições teológicas, e não tanto por seu sucesso como administrador eclesiástico. Recorreu à filosofia grega mais do que fizeram os outros dois capadócios, mesmo sabendo do perigo que isso representava para a teologia. Também foi mais dependente do teólogo alexandrino Orígenes (c. 185–254 d.C.). Seu pensamento trinitário é desenvolvido em *Sobre a Santa Trindade* e em *Sobre "Não Três Deuses"*. Gregório advertiu que, se os cristãos adorarem o Filho e o Espírito Santo sem afirmar a plena divindade deles juntamente com o Pai, cometem idolatria. E, se não adorarem o Filho e o Espírito Santo como Deus, são ímpios e conflitam claramente com as Escrituras. Gregório enfatizou que, longe de haver uma divisão na Trindade, há uma coabitação mútua das três pessoas. Explicou que Pai, Filho e Espírito Santo devem ser conhecidos somente numa perfeita Trindade, na mais íntima união, antes da criação, antes de todas as eras, antes de qualquer coisa que possamos conceber. As três pessoas são distintas em pessoa, ordem ou sequência, e também em atividade, mas são indistintas e inseparáveis em deidade (*Sobre o Espírito Santo: Contra os seguidores de Macedônio*).

Gregório de Nazianzo

Gregório, também conhecido como Gregório, o Teólogo, é igualmente estimado no Oriente e no Ocidente. Ocupa lugar entre os doutores da igreja ocidental e é um dos três santos hierarcas (primeiros bispos que formularam de modo extraordinário a doutrina cristã) da ortodoxia oriental (Basílio Magno e João Crisóstomo são os outros dois). A criatividade teológica de Gregório é mais bem demonstrada em suas cartas, poemas e sermões. Ele se tornou bispo de Constantinopla em 379 d.C.

A grande contribuição de Gregório para a teologia trinitária foi demonstrar que os nomes Pai, Filho e Espírito Santo são termos de relação, não de essências diferentes. Essa relação é uma relação de comunhão de essência e de igual transcendência. Existe um só Deus, o Pai *de* quem procedem todas coisas; e um só Senhor Jesus Cristo, *por* quem todas as coisas existem; e um só Espírito Santo, *em* quem todas as coisas subsistem. Além dos diferentes ofícios das pessoas trinas, outra importante distinção se aplica: o Pai *não é gerado*, o Filho é o *eternamente* gerado (não criado) do Pai, e o Espírito Santo *procede*.

Em suma, para o inestimável enriquecimento da fé cristã, os pais capadócios ensinaram que existe um só Deus trino nas três pessoas: Deus o Pai, Deus o Filho e Deus o Espírito Santo. A divindade é o nome comum delas. Tudo o que caracteriza a Trindade revela um só Deus. Quando os cristãos usam o nome "Deus", eles querem dizer Pai, Filho e Espírito Santo, distintos em seus ofícios mas iguais em glória e adoração. Nenhuma das três pessoas é mais ou é menos Deus que as outras duas, e nenhuma delas existe antes das outras. Embora distintas em particular, as três pessoas são indivisíveis em deidade, vontade e poder. Nenhum "Deus" ou substância divina impessoal existe acima ou antes da Divindade comum a Pai, Filho e Espírito Santo. Os cristãos acreditam na trindade de Deus — uma unidade indivisível de três pessoas que têm seu ser de, para e em si mesmas numa coabitação indivisível e mútua que Agostinho disse ser apropriadamente entendida como uma comunhão eterna de amor santo e absoluto.

Tu és Mestre, Senhor Deus e Pai Todo-poderoso; é verdadeiramente digno, justo e apropriado, para a magnificência de tua santidade, que nós te louvemos, te cantemos hinos, te bendigamos, te adoremos, te rendamos graças e te glorifiquemos, ó Deus único verdadeiramente existente, e te ofereçamos de coração contrito e em espírito de humildade essa nossa justa adoração. Tu nos concedeste o conhecimento de tua verdade. Quem está à altura de poder falar de teus grandes feitos, de divulgar todos os teus merecidos louvores ou de declarar todas as tuas maravilhas a qualquer momento? Ó Mestre de tudo, Senhor dos céus e da terra e de toda criação, visível e invisível, sentado no trono de glória, tu não tens começo, és invisível, incompreensível, ilimitado e imutável. Tu és Pai de nosso Senhor Jesus Cristo, que é nosso grandioso Deus e Salvador, nossa esperança, a plena expressão da bondade do Pai, a Palavra viva, Deus verdadeiro, Sabedoria antes de todos os tempos, Vida, Santificação, Poder e Luz verdadeira. É por meio dele que o Espírito Santo apareceu, o Espírito da verdade, Agente de nossa adoção, Promessa de nossa futura herança, Primícias de eternas coisas boas, o Poder vivificante e a Fonte de santificação. Que toda criatura racional e inteligente agora adore o Deus trino e faça subir até ele uma eterna doxologia.

A DIVINA LITURGIA DE BASÍLIO MAGNO,
EM *AS DIVINAS LITURGIAS DE NOSSOS PAIS ENTRE OS SANTOS*

Projeta em nosso coração, Mestre amoroso, a luz pura do conhecimento divino, e abre os olhos de nossa mente à mensagem do teu evangelho. Amém.

JOÃO CRISÓSTOMO, EM *A DIVINA LITURGIA DE SÃO JOÃO CRISÓSTOMO*,
THE ORTHODOX CHRISTIAN PAGE

PARA REFLETIR: Dt 6.4-9; Mt 3.16-17; 28.16-20; Jo 1.1; 3.16; 14.8-31; 16.12-15; 2Co 13.13; Cl 2.9

◇◇◇◇◇◇◇ **24** ◇◇◇◇◇◇◇

Ó Mestre, tu que amas a humanidade, santo és. Não há como medir a magnificência de tua santidade. Julgando com justiça e segundo a verdade, tu nos proveste com tudo o que há de bom. Na plenitude do tempo, falaste conosco por meio de teu Filho, por quem promoveste a criação. Sendo o brilho da glória do Pai, a imagem expressa de sua pessoa, e tudo sustentando pela palavra de seu poder, ele não considerou um roubo ser igual a Deus, o Pai. Embora o Verbo fosse Deus antes do início dos tempos, ele se encarnou da virgem Maria, fez deste mundo sua morada e habitou entre nós. Esvaziando-se de todos os privilégios divinos, assumiu para si a forma de servo. Conformado com nossa humildade, transformou-nos na imagem de sua glória.

Como mediante os humanos o pecado entrou no mundo, assim o Filho unigênito do Pai nasceu sob a lei para poder condenar o pecado mediante sua vida humana. Batizado por João Batista e ungido pelo Espírito Santo, Cristo nos resgatou daquela morte espiritual que nos mantinha cativos. Abriu o caminho para nossa salvação, afastou-nos da ilusão dos ídolos e levou-nos ao conhecimento do único Deus verdadeiro.

A DIVINA LITURGIA DE BASÍLIO MAGNO,
em *AS DIVINAS LITURGIAS DE NOSSOS PAIS ENTRE OS SANTOS*

E agora, ó Deus de toda graça, Pai e Fonte de misericórdia e bondade, tu nos abençoaste com o conhecimento do caminho que conduz à vida eterna. Que não confiemos em nossos próprios recursos, nem suspeitemos de tua divina orientação. Abre-nos os olhos, ó Pai, e mostra-nos o caminho. Concede-nos a santa sabedoria para discernir todas as coisas que estão em harmonia com a tua vontade. Amém.

HENRY SCOUGAL, *A VIDA DE DEUS NA ALMA DO HOMEM*, PARTE 3

PARA REFLETIR: Sl 33.1-12; Is 6.1-7; Fp 2.5-11; Ap 4.6b-11; 5.13-14; 12.10-12; 15.1-4; 19.1-8; 22.12-17

O estudo das inspiradas Escrituras é a principal maneira de aprender como devemos viver perante Deus. Ali recebemos orientação de homens e mulheres cuja vida inspira imagens de piedade. Qualquer que seja nossa deficiência, podemos nos devotar à imitação de uma pessoa piedosa das Escrituras, assim como buscaríamos num dispensário o remédio indicado para nossa doença. Por exemplo, se precisamos aprender a castidade, podemos refletir sobre a vida do virtuoso e auto-controlado José. Se precisamos aprender a paciência, podemos aprendê-la com Jó. Quando de repente despencou das alturas do bem-estar para o fundo da pobreza, da realidade de ser o pai de belos filhos para a total ausência deles, Jó manteve a rota de uma alma íntegra.

Como os artistas olham repetidamente para seu modelo e tentam transferir suas feições para a tela, assim também todos os que buscam levar uma vida santa devem manter o olhar voltado para a vida dos santos. Por imitação devemos fazer nossa a virtude deles.

Basílio Magno, Cartas, carta 2, seção 3

Ó Mestre, tu que amas a humanidade, ilumina-nos o coração com a luz pura do teu divino conhecimento. Abre-nos os olhos da mente para que compreendamos os ensinamentos do evangelho. Incute em nós também o temor de teus abençoados mandamentos, a fim de que, tendo renunciado a todas as paixões carnais, levemos uma vida espiritual, pensando e fazendo aquilo que é do teu agrado. Amém.
A divina liturgia de Basílio Magno, em *As divinas liturgias de nossos pais entre os santos*

PARA REFLETIR: Dt 6.4-9; Lc 4.16-27; 24.13-27,45-49; Jo 5.31-40; At 6.1-4; 1Co 15.3-8

Que os agricultores tenham de trabalhar para ser bem-sucedidos não é surpresa nenhuma. Tampouco se surpreendem os marinheiros quando enfrentam tempestades. Quem é contratado para trabalhar no calor do verão sabe que irá suar. Assim também, os que seguem a vereda da santidade cristã não devem se surpreender com as aflições. Os agricultores trabalham muito, os marinheiros lutam contra tempestades e os empregados suportam o suor em virtude do que esperam ganhar, não como fins em si mesmos. Trabalho árduo, tempestades e suor indicam algo comum a todo labor humano e que proporciona consolação, isto é, esperança.

Às vezes, porém, as esperanças são frustradas. Safras são arruinadas, e marinheiros perdem seu barco em tempestades. Mas as esperanças dos que labutam pela santidade e a verdade nunca ficarão desapontadas. Nem a decepção de Satanás consegue destruir a fé cristã, pois o reino dos céus que aguarda os cristãos é firme e seguro. Uma vez que o Cristo ressurreto que ascendeu aos céus é nosso Advogado, não aceitemos nunca ser derrotados por mentiras, amedrontados por ameaças políticas, molestados por zombarias, ou enganados por engodos de Satanás. Contra todos os perigos, combatamos ponderadamente e ao mesmo tempo invoquemos Cristo como nosso Advogado e sustento.

Basílio Magno, *Cartas*, carta 18

Ó Pai eterno, por meio da redenção assegurada por teu Filho unigênito, e pelo poder do Espírito Santo, fixa nosso amor em tuas perfeições divinas, para que as tenhamos sempre diante de nós e as sintamos gravadas em nossa vida. Que nós, de glória em glória, sejamos transformados em tua imagem. Que ergamos os olhos para a eterna beleza e bondade do Senhor e nelas depositemos todos os nossos afetos. Inspira em nós, pelo Espírito Santo, uma santa fidelidade a essa elevada e nobre vocação. Amém.

Henry Scougal, *A vida de Deus na alma do homem*, parte 2

PARA REFLETIR: Lc 8.1-15; 12.22-34; Jo 11.17-27; 14.1-4; Fp 1.21; 3.12-16; Cl 1.21-23; Ap 22.7-17

O atleta cristão Paulo, exortando a que não nos satisfaçamos com a vida bem conduzida no passado, diz: "Esquecendo-me do passado e olhando para o que está adiante, prossigo para o final da corrida, a fim de receber o prêmio celestial". Isso geralmente se aplica à vida humana. Uma pessoa não se sente melhor por ter comido ontem, se ela não puder saciar a fome hoje. De igual modo, de nada adiantará para a alma a virtude de ontem, se ela não for seguida por uma vida virtuosa hoje. Não é quem começa bem, mas sim quem termina bem, que atinge a perfeição cristã. Tal pessoa é aprovada por Deus.

Estamos passando por ciladas e pisando em terrenos perigosos. Não tentemos, então, dominar a perfeita vida cristã tudo de uma vez. Depois de dominar uma área, comecem a lutar contra outro obstáculo. Cuidado com o excesso de confiança. Enfrentem cada tentação com resignação e paciência. Não sejamos impetuosos no falar, briguentos ou ávidos de vanglória. Estejam sempre prontos para aprender e demorem para ensinar. Por fim, é muito melhor falar da vida de pessoas piedosas do que ficar falando dos pecados dos outros.

Basílio Magno, Cartas, carta 42, seções 1-2

Ó eterno Deus de toda graça, instiga-nos a contemplar tua generosa misericórdia. Ensina-nos a temer cada aproximação do pecado e a viver ciosamente atentos à tua vontade. Estabelece em nós uma constante certeza de tua graça. Ajuda-nos a voar para ti quando alguma tentação se aproximar, na certeza de que tu nos levarás para o alto e impedirás nossa queda. Concede-nos isso, ó Pai, pelo amor daquele que conhece nossas enfermidades, teu Filho, nosso Salvador, Cristo Jesus. Amém.

John Donne, Devoções, parte 1, oração 1

PARA REFLETIR: Pv 6.5; Ez 18.24; Lc 14.28,30; **Fp 3.13-14;** Hb 10.19-25; 12.1-13; Jd 1.17-23; Ap 2.3-22

⬦⬦⬦⬦⬦⬦ **28** ⬦⬦⬦⬦⬦⬦

(Quem é o Espírito Santo?)

Em conformidade com as Escrituras, permitam-me lhes dizer quem é o Espírito Santo. Como nosso batismo foi do Espírito Santo, assim também por ele confessamos nossa fé. Como nosso batismo foi dado por nosso Salvador em nome do Pai e do Filho e do Espírito Santo, assim também, de acordo com o Credo [de Niceia], oferecemos a doxologia ao Espírito Santo como Deus. Glorificamos o Espírito Santo juntamente com o Pai e o Filho em virtude de nossa convicção de que a natureza dele em nada difere daquela que define o Pai e o Filho.

Até mesmo um pequeno conhecimento das Escrituras nos ensina que as criaturas não são Deus e não devem ser adoradas. Mas o Espírito Santo liberta criaturas escravizadas. Como então poderia ele ser uma das criaturas? A vida precisa ser dada às criaturas. Mas o Espírito Santo confere vida. As criaturas precisam ser ensinadas. Mas o Espírito Santo ensina. As criaturas precisam ser santificadas. Mas o Espírito Santo santifica. As criaturas recebem a santidade. Mas o Espírito Santo é santo por natureza. Nós não admitimos que o que é santo por natureza seja separado da bendita Trindade.

Basílio Magno, *Cartas*, carta 159, seção 2

Bendito Espírito Santo, vem e sacia-me com teus santos dons. Que minha fraqueza seja imbuída de tua força. Assiste-me em todas as minhas responsabilidades. Protege-me nas tentações e consola-me nas aflições. Ilumina-me na ignorância e orienta-me nas dúvidas. Escuta-me em tua graça, ó Santo Espírito, e derrama tua luz em meu coração, mente e alma. Ajuda-me a viver em santidade e a crescer em bondade e graça. Amém.

Adaptado de "Orações ao Espírito Santo",
2 Hearts Network

PARA REFLETIR: Jo 6.63; 14.26; At 2.38-39; Rm 5.18-19; 8.1-18; 15.14-19; 1Co 2.6-15; 12.4-6; 2Co 13.14

(É provável que o texto a seguir seja um excerto de um sermão
feito no início da Quaresma.)

Tomem cuidado para não restringir o jejum à abstinência de
comida. O verdadeiro jejum envolve muito mais. Implica o
abandono de todo mal. "Soltem os laços da maldade." Perdoem
as injúrias dos vizinhos contra vocês. Perdoem aqueles que os
ofenderam. Por mais importante que possa ser abster-se de comer carne, é mais importante que vocês não devorem seu irmão.

Vocês se abstêm do vinho e depois se embebedam com
afrontas? Esperam até a noite antes de ingerir comida, mas passam o dia inteiro nos tribunais buscando os próprios interesses?
Ai dos que recusam o vinho, mas depois se intoxicam de ódio!

Tudo o que predispõe a alma contra a paz de Deus deve
ser considerado tóxico, o oposto do verdadeiro jejum. Lembremo-nos de quem nos foi recomendado receber como nosso
Hóspede, aquele que prometeu que ele e seu Pai fariam em nós
sua morada. Não permitam que nenhuma forma de intoxicação
entre na alma de vocês, fechando, com isso, a porta para o Senhor. Não deixem que Satanás entre em sua fortaleza. Como a
fumaça afasta as abelhas, assim também a intoxicação da alma
afasta o Espírito Santo e seus dons.

Basílio Magno, primeiro sermão sobre o jejum

---

*Ó Senhor Deus, tu nos mostraste o que é bom e o que exiges de nós.
Purifica-nos de tudo o que é falso e superficial, tudo o que é contrário
àquilo que tu mesmo nos mostraste de ti; acalma nossa paixão pelas
coisas deste mundo e faz que tuas santas virtudes sejam instiladas
em nós. Que as profundezas de nossa alma se abram à tua graça e
correção, para que sejamos conduzidos por teu santo cajado. Amém.*

PARA REFLETIR: 1Sm 7.2-6; Ne 9.1-37; **Is** 51.21-23; **58.3-14;** Mt 5.16-18;
24.42-44; Lc 4.1-13; Jo 14.23

Causam-me espanto as invenções do luxo excessivo. Os veículos são inúmeros. Alguns para entregar mercadorias, outros para transportar seus donos, e todos são revestidos de latão e prata. As raças dos cavalos são registradas como se fossem seres humanos. Alguns carregam seus altivos donos pela cidade, alguns são para caçadas, e alguns são apenas cavalos velhos de aluguel. Tecidos purpúreos tornam os cavalos joviais como noivos. Dentre os servos que têm a tarefa de satisfazer a extravagância humana destacam-se agentes, administradores, jardineiros, artesãos e confeiteiros. Somem-se a eles cozinheiros, criados, caçadores, escultores, pintores e humoristas. Há banhos na cidade e no campo. Casas reluzem com todo tipo de mármore. Pisos são mosaicos, e tetos são dourados. Se alguma parte da parede não apresenta placas de pedra, ela tem o adorno de flores pintadas.

Vocês que revestem suas paredes e deixam seus vizinhos ficar despidos e passar fome, como responderão ao Juiz eterno? Vocês que arreiam esplendidamente seus cavalos e, contudo, desprezam seu irmão se ele estiver mal vestido; vocês que deixam o trigo excedente apodrecer no campo em vez de alimentar os que têm fome; vocês que escondem seu ouro e depois desprezam os desamparados; como responderão a Deus no dia do juízo? Como justificarão seus excessos diante dele?

BASÍLIO MAGNO, "CONTRA OS RICOS", HOMILIA 7

Ó Deus dos oprimidos e quebrantados, nós somos todos mendigos carentes de tua graça. Reconhecemos que o amor é o primeiro e o maior mandamento, e que o amor e a compaixão pelos pobres é a mais excelente forma de lei. Ajuda-nos a abrir o coração aos pobres, àqueles que sofrem infortúnios. Amém.

GREGÓRIO DE NAZIANZO, EXTRAÍDO DE "ORAÇÃO DE GREGÓRIO DE NAZIANZO", AMOS HOUSE COMMUNITY

PARA REFLETIR: Am 5.11-15,21-27; Mt 25.31-46; Lc 16.19-31; At 3.1-10; Tg 2.1-13; 5.1-6

31

(Em louvor a Salmos.)

O livro de Salmos é um tesouro de sólido ensino para todas as necessidades. Os salmos curam os enfermos e, ao mesmo tempo, preservam os sadios. Conseguem domar as paixões que tentam nos dominar. Realizam tudo isso com uma persuasão e gratificação musical que alimentam o pensamento sábio e sadio. O Espírito Santo sabia que seria difícil atrair os seres humanos para o bem, que a balança da vida pende para o prazer e que nós tendemos a negligenciar o que é santo. Ciente disso, que plano adotou o Espírito? Ele combinou o prazer da melodia com seu ensino, para que possamos sorver profundamente suas instruções. Agiu como um médico sábio ministrando remédio amargo previamente untando com mel a borda da taça. Assim a melodiosa música de Salmos foi concebida. Enquanto cantamos, o Espírito vai nos educando. Uma vez que facilmente nos distraímos, não recebemos rapidamente um oráculo transmitido por um profeta ou apóstolo. Mas os salmos são cantados em nossas casas e caminham conosco pelas ruas. Uma pessoa poderia tender a ser selvagem como uma fera. Mas, assim que é confortada pelo canto de um salmo, volta para casa mansa e calma graças à música de Salmos.

Basílio Magno, "Louvor a Salmos", prefácio à homilia
sobre o salmo I

Ó Espírito do Deus vivo, capacita-me pelas Santas Escrituras a segurar firme o leme do evangelho de Jesus Cristo. Guia-me todo o tempo para que as turbulentas ondas da tentação não me afastem do caminho do Senhor. Ensina-me todos os dias a habilidade do timoneiro para determinar minha rota segundo a tua santa vontade. Amém.

Basílio Magno, "Sobre a abertura de Provérbios", homilia I2

PARA REFLETIR: 2Tm 3.16; tipos de salmos: (1) *salmos de lamentação*: Sl 44; 55; 130; 137; (2) *de ação de graças*: Sl 34; 63; 107; (3) *hinos*: 33; 66.1-12; (4) *litúrgicos*: Sl 45; 87; 115; 132; (5) *comunitários*: Sl 19.7-14; 133

Quando o apóstolo Paulo agradece a Deus "por meio de Jesus Cristo", e repete que "por meio dele" obtivemos acesso a "esta graça que agora desfrutamos com segurança e alegria", ele identifica as bênçãos que nos foram concedidas pelo Filho de Deus. A graça de Deus vem do Pai, por meio do Filho. Por sua vez, o Filho nos leva ao Pai. Ao dizer que por meio do Filho ele recebeu "graça e apostolado", Paulo declara que as boas dádivas do Pai procedem por meio do Filho. Ao declarar que por meio do Filho nós temos acesso ao Pai, ele mostra como o Pai nos aceita e nos torna "membros da família de Deus".

Será que a graciosa permanência do Filho em nós diminui sua glória? Nada disso. Pelo contrário, a repetição dos benefícios do Filho nos motiva a glorificá-lo. As Escrituras usam muitos termos que descrevem a divindade trina do Filho. Ele é chamado o verdadeiro Filho, o unigênito de Deus, o Poder de Deus e a Sabedoria e Palavra de Deus.

Por trabalhar para distribuir as riquezas do Pai, o Filho é chamado Pastor, Médico, Noivo, Caminho, Fonte, Pão e Rocha. Para os que afirmam sua justa realeza, ele é Rei; para todos os que caminham pela senda reta de seus mandamentos, Cristo é a Porta.

Basílio Magno, Sobre o Espírito Santo, cap. 8, seção 17

Nosso Deus, salva teu povo e abençoa tua herança; protege tua igreja, o corpo de Cristo; santifica os que amam a beleza de tua casa; glorifica-os como recompensa por teu divino poder; e não abandones os que esperamos em ti. Amém.

João Crisóstomo, em *A divina liturgia de São João Crisóstomo*, The Orthodox Christian Page

---

PARA REFLETIR: Sl 107.20; Mt 3.10; 9.12,15; 21.5; 27.54; Jo 10.9,12; 14.6; **Rm 1.2-8**,16; 2.4; **5.2**; 1Co 1.24; 10.4; **Ef 2.19**; 3.10; Fp 2.9-11; Hb 1.1-4; Ap 21.6

O batismo tem duas finalidades. Uma é para que o corpo do pecado possa ser destruído. Ele não deve nunca mais produzir o fruto do pecado e da morte. A segunda é para que nós passemos a viver diariamente pelo Espírito Santo e produzir o verdadeiro fruto da santidade. A água do batismo recebe o velho eu como se a água fosse uma sepultura. No segundo movimento, o Espírito Santo infunde o poder da água vivificante. Ele nos eleva, nos livra da morte do pecado e nos resgata para a comunhão com Deus. É isso que significa nascer de novo da água e do Espírito: a morte levada embora na água batismal e a nova vida criada por meio do Espírito. Pela imersão no nome do Pai, do Filho e do Espírito Santo, o grande mistério do batismo acontece. Não há graça ou poder na água em si; a graça e o poder vêm da presença do Espírito. O batismo é realizado na paz e comunhão com Deus. Treinando-nos para o que segue o batismo, o Senhor torna claro o estilo de vida que o evangelho requer: a lei da gentileza, a firmeza diante da injustiça, e a liberdade da cobiça e da corrupção resultantes do desejo de prazer. Mediante um firme propósito de obediência ao evangelho, nós ganhamos um antegozo do que virá depois da ressurreição.

BASÍLIO MAGNO, *SOBRE O ESPÍRITO SANTO*, CAP. 15, SEÇÕES 35-36

Guarda-me, ó Senhor, pois eu sou teu por criação; guia-me, pois sou teu por aquisição. Por teu cuidado, guarda-me da ofensa contra ti. No mal, torna-me inocente como uma criança, mas em entendimento, piedade e temor de Deus, torna-me adulto em Cristo, prontamente equipado e instruído em toda boa obra. Amém.

JEREMY TAYLOR, "EXERCÍCIO A SER USADO A QUALQUER MOMENTO DO DIA", EM *REGRA E EXERCÍCIOS PARA UMA VIDA SANTA*

PARA REFLETIR: Mt 3.11; Rm 6.1-10; 15.29; 1Co 3.13; Gl 3.23-29; Ef 5.25-33; 1Pe 3-21

Quando consideramos como nosso grande Deus e Redentor, Jesus Cristo, atuou para redimir a humanidade, vemos como tudo o que ele realizou teve a assistência do Espírito Santo. Considerando as bênçãos dos patriarcas, ou as vitórias que Deus concedeu a seu povo, como cuidou dele na época da Lei e dos Profetas, os milagres realizados por meio dos santos, ou a encarnação do Verbo em Jesus de Nazaré, nisso vemos que tudo foi executado por meio do poder do Espírito Santo.

O Espírito foi ativo na santa concepção de Maria e esteve com o Senhor desde sua infância. Jesus foi ungido e guiado pelo Espírito. Jesus foi conduzido para o deserto pelo Espírito para ser testado. Jesus expulsou demônios "pelo Espírito de Deus". Depois que ressuscitou dos mortos, Jesus não abandonou seus discípulos, mas enviou-lhes o Espírito Santo no dia de Pentecostes.

O Espírito Santo ordena a igreja pelo modo como administra as dádivas de Cristo. Até a revelação do mistério do evangelho é prerrogativa do Espírito Santo. Quando o bendito e único Soberano julgar o mundo com justiça, até mesmo então o Espírito Santo terá uma tarefa a desempenhar.

BASÍLIO MAGNO, *SOBRE O ESPÍRITO SANTO*, CAP. 16, SEÇÕES 39-40

Ó Deus de imutável poder e eterna luz, dirige teu olhar favorável sobre toda a tua igreja, esse maravilhoso e sagrado mistério; por meio da eficaz atuação de tua providência, implementa com tranquilidade o plano de salvação; que o mundo inteiro veja e saiba que coisas que estavam caídas estão sendo levantadas, e coisas que haviam envelhecido estão sendo renovadas, e que tudo está sendo aperfeiçoado por aquele por meio de quem tudo foi criado. Amém.

"LITURGIA DA PALAVRA", A GRANDE VIGÍLIA PASCAL, LOC

PARA REFLETIR: Is 61.1-3; Mt 3.17; 4.1; **12.28**; Lc 4.1-2; 24.45-49; Jo 1.33; 14.15-31; 15-16; At 2.22; 10.38; 19.11; Rm 8.1; 2Ts 2.13; Tt 2.13

35

(As denominações do Espírito Santo.)

Nós entendemos a divindade do Espírito e seu incomparável poder considerando suas denominações, a magnitude de seu ofício e as boas dádivas que ele nos concede. Ele é chamado Espírito, como em "Deus é espírito". É chamado santo, assim como o Pai e o Filho são santos. Pois todas as criaturas, antes que as possamos chamar "santas", devem ser santificadas por algo que vai além delas mesmas. Mas a santidade é a natureza essencial do Espírito Santo. Por essa razão, o Espírito Santo é o Santificador, e não quem precise ser santificado. Ele é chamado bom, assim como o Pai e o Filho são bons. Sua bondade é sua essência. O Espírito Santo é chamado justo, assim como "o Senhor é justo". Ele é a Verdade e a Justiça. Como Deus, o Espírito é imutável em fidelidade. O Espírito Santo é chamado Paracleto, Advogado, assim como Cristo é Encorajador. "E eu pedirei ao Pai", disse Jesus, "e ele lhes dará outro Encorajador." O Espírito é chamado Rei, o Espírito da verdade e o Espírito da sabedoria.

Vocês percebem que o Espírito Santo tem muitos nomes em comum com o Pai e o Filho. Ele recebe esses nomes em virtude de sua divindade e de sua comunhão íntima com o Pai e o Filho.

BASÍLIO MAGNO, *SOBRE O ESPÍRITO SANTO*, CAP. 19, SEÇÃO 48

Espírito criador, com tua assistência
O mundo primordial ganhou existência;
Vem, toda humilde mente humana invade,
Vem derramar teus dons na humanidade;
Já livres do pecado e dor malignos,
Teus templos de ti mesmo torna dignos.

JOHN DRYDEN (1631–1700), HINÁRIO

PARA REFLETIR: Sl 43.10; **92.15**; 143.10; Is 11.1-3; **Jo 4.24; 14.16-17;** 16.12-15; 2Co 3.7-11; Fp 4.7; 2Ts 2.13-15; **1Jo 1.20;** 5.6

GREGÓRIO DE NISSA

36

Quando empregamos o substantivo "homem", nós o usamos para indicar a natureza comum e compartilhada por todas as pessoas. Pedro, por exemplo, não é mais *homem* que André. "Homem" é a essência ou substância da humanidade. Juntemos Paulo, Silas e Timóteo. Se explorarmos a essência humana de cada um deles, ela será a mesma para os três. Mas, quando falamos especificamente de Paulo, intentamos descrever suas características ou propriedades distintivas, independentemente de tudo o que ele tem em comum com Silas ou Timóteo.

Agora, transfiramos essas distinções para a Trindade. Tudo o que é verdadeiro sobre a essência divina do Pai é também verdadeiro sobre a divindade do Filho e do Espírito Santo. A divindade é a mesma e a única essência e soberania — um só Deus — no Pai, no Filho e no Espírito Santo, mesmo que cada pessoa tenha suas próprias atividades características. Um membro da Trindade não é nem mais nem menos Deus que os outros. Não há ruptura ou vazio na essência divina e na harmonia mútua do Pai, do Filho e do Espírito Santo.

GREGÓRIO DE NISSA, CARTA A BASÍLIO, EM BASÍLIO MAGNO, *CARTAS*, CARTA 38

Tua palavra, Senhor onipotente,
O próprio caos e a escuridão desmente,
E deles a fuga produz;
Nossa oração concilia,
E onde o evangelho em seu dia
Sua luz não irradia,
Que lá irrompa tua luz!

JOHN MARRIOTT (1780–1825), HINÁRIO

PARA REFLETIR: Mt 28.19; Jo 1.3-8; 6.32-59; 7.25-44; 14.5-13; 16.13-15; Rm 8.9; 1Co 2.12; 12.11; 2Co 13.14; Cl 1.15-17; Hb 1.3

Muitos dos que recebem a graça do batismo são ou enganados ou desviados por outrem. Recebem o batismo sem realmente se tornarem novas criaturas em Cristo. O batismo nada significa se continuarmos vivendo como antes. Como é possível que uma pessoa em quem, após o batismo, não há mudança nenhuma em seus traços distintivos pense que ela é algo mais do que era antes? Deveria ser evidente para todos que o propósito do batismo é dar testemunho de um novo nascimento que renova e muda nossa natureza. A natureza humana sozinha não pode produzir essa mudança. O que a regeneração implica?

O banho da regeneração envolve o abandono das ações pecaminosas que marcavam nossa vida não regenerada. Se o batismo foi aplicado ao corpo, mas a alma não está purificada de paixões e sentimentos pecaminosos, e se a pessoa continua vivendo como antes, então a água do batismo não foi nada mais que água. De modo algum o dom e a obra do Espírito Santo se manifestam nessa pessoa. Se a deformidade do pecado continua, então não posso absolutamente ver como ela foi mudada. Ouçam o apóstolo Paulo: "Se alguém julga ser alguma coisa, não sendo nada, a si mesmo se engana" [RA]. Aquilo que não nos tornamos pela graça da regeneração, isso não somos.

Gregório de Nissa, A grande catequese, cap. 40

Ó Pai de toda misericórdia, Deus de toda consolação, tu ordenas todas as coisas com sabedoria. Realiza em nós tudo o que for do teu agrado. Que a graça de nosso Senhor Jesus Cristo e a comunhão do Espírito Santo desçam sobre nós. Leva-nos rumo a tudo o que é santo, para o aperfeiçoamento da tua igreja e para o louvor da glória do teu nome. Amém.

Gregório de Nissa, Cartas, carta 13

PARA REFLETIR: Is 1.16; Jo 3.5-8; Rm 6.1-14; **Gl 6.3;** Ef 4.1-6; 2Pe 2.1-22; Jd 1.3-16

O evangelho diz dos que nasceram de novo: "A todos que o receberam, ele deu o direito de se tornarem filhos de Deus". O filho de um genitor evidencia um parentesco. Se você se tornou filho de Deus, então manifeste em si mesmo Aquele que pela graça lhe deu um novo nascimento. As características que nos permitem reconhecer Deus devem marcar aqueles que nascem do Pai. Por exemplo, Deus abre sua mão e cumula com seu prazer todos os seres vivos. Ele perdoa transgressões. É bom para com todos e não descarrega sua ira sobre nós. É um Senhor justo, e nele não há injustiça alguma. Se sua vida é marcada por fatos como esses, então você é filho de Deus. Mas, se você continua manifestando as marcas típicas do pecado, então será insensato ficar falando sobre seu nascimento do alto. A profecia falará contra você: "Você é filho de homem, não é filho do Altíssimo. Ama ilusões e busca mentiras. Acaso não sabe como um homem se torna admirável?". Somente levando uma vida santa nós nos tornamos admiráveis como filhos de Deus.

GREGÓRIO DE NISSA, A GRANDE CATEQUESE, CAP. 40

Ó Senhor, por tua graça tu concedes misericórdia a todos e não desprezas nada do que criaste. Lembra-te agora de como somos fracos e de que tu és nosso Pai e Deus. Por misericórdia, perdoa nossas ofensas e remove nosso coração empedernido. Dá-nos um coração que se deleite em fazer tua vontade, em te amar e te adorar. Acende nele o fogo do Espírito Santo. Inspira nossas orações a fim de que elas sejam do teu agrado. Amém.

AMBRÓSIO, BISPO DE MILÃO, "ORAÇÃO ANTES DA MISSA
(QUINTA-FEIRA)", CATHOLIC ONLINE

PARA REFLETIR: Sl 4.2-3; 7.11; 145.16; Jl 2.13; Mt 6.1-34; **Jo 1.10-13;** Rm 8.17-19; Gl 3.26-28; 1Pe 2.1-12

39

Para ser eficaz, o jubiloso sacramento do batismo precisa ser manifestado numa subsequente pureza de conduta. O batismo de modo algum muda nossas características físicas. O que é meramente físico não pode apresentar a prova necessária. Todavia, deve haver uma manifestação confirmadora pela qual a nova pessoa seja reconhecida. Por quais indícios o velho pode ser separado do novo? Esses indícios só podem emergir se a pessoa se compromete com a regeneração. O velho habitual modo de vida deve ceder lugar a um novo modo. Só então os outros reconhecerão que algo realmente novo aconteceu.

O velho eu não era disciplinado pela piedade. Pegava o que pertencia a outros, usava palavras ofensivas, mentia e era caluniador. Em contrapartida, sejamos agora marcados pela verdadeira regeneração: uma vida regulada pela piedade, pela sobriedade, pela satisfação com nossas próprias posses e pelo ministério generoso aos pobres. Que a nova pessoa seja honesta, cortês e acessível. Como a luz dispersa as trevas, assim o velho eu desaparecerá quando adornado com a retidão. Como filhos de Deus, examinemos as características de nosso Pai celestial. Então, pelo Espírito, moldemo-nos à sua semelhança. Demonstremos agora, por meio de nossa vida transformada, que fomos adotados pela graça de Deus.

Gregório de Nissa, *Sobre o batismo de Cristo*

Em seus corações, seu trono;
Ali ele deve subjugar
Tudo o que não for verdade
E santo não se mostrar.
Caroline Maria Noel (1817–1877), Hinário

PARA REFLETIR: Mt 5.43-47; Lc 15.1-24; Jo 4.4-26; At 22.2-21; Rm 3.21-16; 5.1-11; 6.3; Cl 3.12-17

Depois de nossa adoção como filhos de Deus podemos esperar que o diabo, mais do que nunca, tramará contra nós com maior intensidade e violência. Ele sentirá inveja ao contemplar o recém--nascido filho de Deus avançando rumo à cidade celestial. Não se surpreendam quando o diabo lançar tentações abrasadoras contra nós. Ele tentará nos roubar nosso novo adorno, assim como o roubou de Adão e Eva. Quando o diabo ataca, devemos repetir as palavras do apóstolo: "Quando fomos batizados em Cristo Jesus, fomos batizados em sua morte". Se fomos amoldados à morte de Cristo, então o velho eu pecaminoso se tornou um cadáver, trespassado pela lança do batismo. Mandemos o diabo embora, pois o que ele busca está morto. Outrora, o velho eu era seu aliado, mas não é mais. Foi crucificado com Cristo. Já não pode cobiçar a riqueza, caluniar ou insultar outras pessoas. O novo eu aprendeu como passar ao largo dos bens deste mundo e correr para os bens do céu. De igual modo, Paulo atesta que o mundo está crucificado para ele, e ele para o mundo. Essa deve ser a disposição definidora daqueles que nasceram de novo.

GREGÓRIO DE NISSA, *SOBRE O BATISMO DE CRISTO*

Deus eterno, Pai de toda misericórdia, que minha riqueza seja eu me tornar rico de santas virtudes, a fim de que por meio delas eu possa te servir e te agradar em toda verdade. Concede-me santas virtudes para a honra e glória do teu nome. Faz-me firme numa fé que atua mediante o amor. Que a fé que minha língua confessa seja evidenciada numa santa conduta. Amém.

ANSELMO, ARCEBISPO DE CANTUÁRIA, *LIVRO DE MEDITAÇÕES E ORAÇÕES*, MEDITAÇÃO 18, SEÇÃO 90

PARA REFLETIR: Nm 25.7-9; Sl 119.11; **Rm 6.3**; 12.21; 1Co 10.11-13; 2Co 5.11-15; Gl 6.14; Tg 4.7-10; 1Pe 5.8-11

Adoremos agora o Doador de nossa extraordinária salvação. Verdadeiramente, ó Senhor, tu és a Fonte pura e eterna de toda bondade. Tu és justo quando te voltas contra nossos pecados. Em tua amorosa bondade, porém, tiveste compaixão de nós. Tu foste odiado; mesmo assim, te resignaste. Foste amaldiçoado; todavia, abençoaste. Por causa de nosso pecado nos baniste do jardim do Éden; contudo, restauraste-nos para a comunhão contigo. Tu nos despiste de nossas folhas de figueira, nosso inadequado vestuário, e depois nos vestiste com peças de roupa de grande valor. Abriste as portas da prisão e libertaste os cativos condenados. Tu nos salpicaste com água limpa e purificaste nossa poluição.

Já não precisamos nos esconder quando ouvimos tua voz, culpados abrigando-nos na moita. Nós, que éramos herdeiros do pecado, temos agora motivo para rejubilar. Agora podemos entrar no céu. A criação toda, outrora em conflito consigo mesma, foi interligada na amizade. Agora podemos nos juntar aos anjos cantando louvores a ti.

Agora entoamos o hino de alegria inspirado pelo Espírito Santo: "Alegra-se a minha alma em meu Deus! Pois ele me vestiu com roupas de salvação".

Gregório de Nissa, Sobre o batismo de Cristo

Que eu me lembre, ó meu Deus, de toda a tua misericórdia. Que meus ossos sejam orvalhados pelo teu amor e te digam: "Quem se compara a ti, Senhor?". Tu rompeste as amarras de minha prisão. Eu te oferecerei o sacrifício de ação de graças. Explicarei a todos como tu me libertaste. Quando todos os que te adoram ouvirem meu testemunho, eles exultarão: "Bendito seja o Senhor nos céus e na terra, grande e maravilhoso é seu nome". Amém

Agostinho, bispo de Hipona, Confissões, livro 8,
cap. i, seção i

PARA REFLETIR: Sl 35.10; 41.13; 45.1-21; 72.19; 89.52; 106.4-8; 146.1-2; 147.1-20; 150.1; **Is 61.10**; Ef 1.15-23; 1Tm 6.11-16; Jd 1.24-25

GREGÓRIO DE NAZIANZO

◇◇◇◇◇◇ **42** ◇◇◇◇◇◇

Neste dia Cristo ressuscitou dos mortos. Que hoje ele me renove pelo Espírito Santo, me vista com uma nova humanidade e me conceda sua nova criação.

Na Sexta-Feira Santa o Cordeiro foi imolado e os batentes das portas foram ungidos. O Egito chorou seus primogênitos, o destruidor passou por sobre nós, o selo de sangue foi terrível e respeitado, e nós fomos cercados por um muro de sangue precioso. Hoje, na Páscoa, nós escapamos do Egito e do faraó. Agora, ninguém nos impede de celebrar a festa do Senhor, nosso Deus, a festa de nossa partida. Festejamos, não com o velho fermento da malícia e maldade, mas com o pão ázimo da sinceridade e verdade. Não carregamos conosco nada do velho fermento egípcio.

Na Sexta-Feira Santa fui crucificado com Cristo; hoje com ele sou glorificado. Ontem morri com Cristo; hoje com ele ressuscito. Ontem fui sepultado com meu Senhor; hoje com ele ressuscito da sepultura.

Ofereçamos-lhe a nós mesmos, o bem mais precioso para Deus. No triunfo de Cristo, reconheçamos nossa dignidade, honremos nosso Arquétipo e conheçamos o poder do mistério e a razão da morte de Cristo.

GREGÓRIO DE NAZIANZO, "SOBRE A PÁSCOA E SUA RELUTÂNCIA [EM ACEITAR A ORDENAÇÃO PARA O SACERDÓCIO]", ORAÇÃO 1, SEÇÕES 2-4

Ó Cristo, traz de novo nossa luz do dia; o dia retorna contigo!
O inferno hoje é vencido; o céu hoje é conquistado!
VENÂNCIO HONÓRIO CLEMENCIANO FORTUNATO (C. 530–609 D.C.),
DA TRAD. DE JOHN ELLERTON (1868), HINÁRIO

PARA REFLETIR: Êx 12.1-30; Is 65.5; Mt 28.1-10; Mc 16.1-13; Lc 24.1-12; Jo 1.35-36; 20.1-18, At 2.14-36; 1Co 5.8; Ap 5.6-14

Aprendemos do próprio Filho a crer na divindade do Filho de Deus. Ele foi batizado como homem, mas perdoa os pecados como Deus. Foi tentado como homem, mas conquistou como Deus, e ele nos aconselha a ter ânimo pois ele venceu o mundo. Sentiu fome, mas alimentou milhares. Ele é o Pão da Vida, o próprio Pão do Céu. Sentiu sede, mas proclamou: "Quem tem sede, venha a mim e beba". Ele até prometeu que fontes jorrariam para quem crê. Sentiu-se exausto, mas ofereceu alívio a todos os que estão cansados e sobrecarregados. Sentiu pesadamente o sono, mas caminhou suave sobre o mar e censurou a tempestade. Paga tributos, mas com moedas retiradas da boca de um peixe. Mais ainda, ele é Rei até mesmo dos que exigem dele tributos. É ridicularizado como sendo samaritano, mas salvou aquele que caiu nas mãos de ladrões. É acusado de ter parte com o diabo, mas legiões de demônios fogem ao seu comando. Ele até testemunha o príncipe dos demônios caindo como um raio. Ora, mas ouve as orações dos outros. Chora, mas faz as lágrimas cessarem. Como homem, ele chora por Lázaro, e depois, como Deus, ele o ressuscita dos mortos.

GREGÓRIO DE NAZIANZO, "SOBRE O FILHO", ORAÇÃO 29, SEÇÃO 20

Que toda carne mortal silencie
E com reverente assombro parando,
Sem nada deste mundo ter em mente,
Pois com bênçãos sob seu comando
De nós Cristo, nosso Deus, se aproxima,
Plena homenagem demandando.

ADAPTADO DE A DIVINA LITURGIA DO SANTO APÓSTOLO TIAGO (C. 150–200 D.C.), DA TRAD. DE GERARD MOULTRIE (1864), HINÁRIO

PARA REFLETIR: Mt 3.13; 8.24; 9.6; 11.28; 14.25,30; 17.24; Lc 8.28-33; 9.30; 10.17-20,30; **Jo** 6.10; **7.37**; 8.48; 11.43; 16.33; 19.19

Aprendemos do próprio Filho a crer na divindade do Filho de Deus. Ele foi traído e vendido por um valor muito pequeno, mas redime o mundo ao custo do próprio sangue. Como ovelha ele é conduzido para o matadouro, mas ele é o Pastor de Israel e do mundo inteiro. Como cordeiro sacrificial ele fica em silêncio, e no entanto ele é a eterna Palavra de Deus. É machucado e ferido, e no entanto cura todas as feridas. É erguido pregado na cruz, e no entanto salvou até mesmo o ladrão crucificado ao seu lado. Na cruz, envolveu o mundo visível nas trevas. Dão-lhe vinagre para beber, mas ele é absolutamente a Doçura que supera o gosto amargo do pecado. Entrega sua vida, mas tem poder para retomá-la. Rasga o véu do templo, e com isso nos abre as portas do céu. Morre, mas confere vida, e mediante sua morte ele destrói a morte. É sepultado, mas ressuscita. Desce ao inferno, mas liberta os cativos. Sobe até o Pai, e virá de novo para julgar os vivos e os mortos.

O que era [Deus], ele continuou sendo; o que não era [homem], ele assumiu para si.

GREGÓRIO DE NAZIANZO, "SOBRE O FILHO", ORAÇÃO 29, SEÇÕES 19-20

Rei dos reis, mas filho de Maria,
Outrora na terra fixou-se;
Senhor dos senhores, em veste humana,
Em corpo e sangue demonstrou-se;
E, para dar-se a todos os fiéis,
Em alimento transformou-se.

ADAPTADO DE A DIVINA LITURGIA DO SANTO APÓSTOLO TIAGO (C. 150–200 D.C.), DA TRAD. DE GERARD MOULTRIE (1864), HINÁRIO

PARA REFLETIR: Ct 5.16; Is 53.7; Mt 6.28; 26.15; 27.51; Lc 23.43; Jo 1.23; 2.1-11; 10.7-18; 11.43; 19.19; 1Pe 1.19

45

(Dia do nascimento de nosso Senhor.)

Cristo nasceu; glorifiquem-no. Ele vem do céu; vamos a seu encontro para saudá-lo. O Senhor nasceu de uma virgem. Que os céus se rejubilem e a terra se alegre, pois Cristo, que antes era do céu, agora é da terra! Rejubilemo-nos com temor por nossos pecados e com alegria por nossa salvação. Quem não o adorará, ele que é o Começo e o Fim?

Agora as trevas são o nosso passado; a luz surgiu. O Egito está coberto de trevas, e Israel é iluminado por uma coluna de fogo. Contemplemos agora, nós que estávamos sentados nas trevas, a plena luz do conhecimento. As coisas velhas morreram; todas as coisas foram renovadas. A letra da lei deu lugar ao Espírito da vida. As sombras se afastaram, e a Verdade tomou o lugar delas.

Batam palmas vocês todos, porque um menino nos nasceu, um filho nos foi dado. Aclamemos o poder deste dia, pois o Filho de Deus se tornou o Filho do Homem. Esta é nossa festa, a vinda de Deus para a humanidade, a fim de que nós possamos avançar para Deus. Tendo abandonado o velho Adão, assumamos agora o Novo. Como morremos em Adão, vivamos agora em Cristo.

GREGÓRIO DE NAZIANZO, "SOBRE A TEOFANIA", ORAÇÃO 38, SEÇÕES 1-2, 4

Cantemos, sim, cantemos, neste dia:
O próprio Deus desceu do céu;
Cantemos, sim, cantemos, neste dia:
Nasceu Jesus, Deus filho de Maria.
CHRISTOPHER WORDSWORTH (1807–1855), HINÁRIO

PARA REFLETIR: Êx 14.20; Sl 47.1-14; 96.1; Is 9.6; Jr 31.31-40; 5.17; Ml 4.1-6; Mt 1.18-25; 3.3; Lc 2.1-20; 1Co 1.23; 5.17; 15.22; 2Co 5.17; Ef 4.22-24; Cl 2.11; Hb 13.8

AMBRÓSIO DE MILÃO

"Para Milão eu vim, para o bispo Ambrósio, conhecido no mundo todo como um dos melhores homens, teu dedicado servo, cujo eloquente discurso em abundância distribuía para o teu povo a farinha do teu trigo, a alegria do teu azeite e a sóbria embriaguez do teu vinho" (*Confissões*, livro 5, cap. 13, seção 23). Essas palavras são parte do testemunho sobre o papel que Ambrósio (340–397 d.C.), bispo de Milão, desempenhou na conversão de Agostinho. Como professor de retórica, Agostinho pretendia examinar a fala de Ambrósio, tido como eloquente orador. Em vez disso, foi capturado pela proclamação do evangelho e pela bondade do bispo. Ambrósio, disse Agostinho, ensinava "a salvação do modo mais convincente" (seção 23).

Ambrósio nasceu de uma importante família romana que bem cedo havia abraçado a fé. Alguns membros da família contaram entre os mártires. Antes de sua morte em 345 d.C., Ambrosius, o pai de Ambrósio, foi o magistrado chefe da Gália (França, Bretanha e Espanha) e da Mauritânia Tingitana, na África.

Após a morte de Ambrosius, a mãe de Ambrósio assumiu a responsabilidade de educar os filhos na piedade cristã. Cuidou para que Ambrósio recebesse uma excelente educação na língua e literatura gregas. Depois de completar sua formação secular, Ambrósio estudou direito e se tornou conhecido por sua eloquência e argumentação jurídica. Em pouco tempo, foi notado pelo imperador Valentiniano, que o nomeou governador consular da Ligúria e da Emília-Romanha, com residência em Milão, uma cidade perturbada por conflitos entre arianos e os que eram fiéis ao Credo Niceno.

Ambrósio governou de modo eficiente e conquistou o respeito dos cidadãos. Por ocasião da morte de um tirânico bispo ariano chamado Auxêncio, Valentiniano ordenou que Ambrósio supervisionasse a eleição de um novo bispo. Para total surpresa de Ambrósio, o povo e o clero que estavam reunidos no fórum pediram a eleição dele mesmo como bispo, um ofício sagrado para o qual ele não havia se preparado. Embora fosse um crente ortodoxo, Ambrósio não havia sido batizado. Um bispo ortodoxo o batizou e, aos 35 anos de idade, Ambrósio se tornou bispo de Milão. Exerceu essa função durante 23 anos. Na memória da cristandade, há um consenso claro de que Ambrósio foi o "modelo perfeito de um bispo cristão" (*Enciclopédia católica*, "São Ambrósio").

46

(Em louvor do silêncio.)

O que deveríamos aprender primeiro? Como permanecer em silêncio. Só então aprenderemos a falar. Se não for assim, nossas palavras podem nos condenar antes que alguém possa nos defender. Não deveríamos nos precipitar rumo à condenação que resulta de uma fala temerária quando podemos simplesmente, com a mesma facilidade, evitar esse perigo permanecendo em silêncio. Já vimos pessoas incidindo em erro por falar, mas raramente se vê alguém errando por manter-se calado. É mais difícil aprender a ficar calado que saber falar. A maioria das pessoas fala porque não sabe ficar calada. De fato, com frequência uma pessoa fala mesmo quando falar não lhe serve para nada.

A Lei diz: "Ouça, ó Israel, o Senhor, seu Deus". Notem que a ordem não é para "falar" mas para "ouvir". Uma pessoa é sábia, então, se ela sabe como se manter em silêncio. A sabedoria de Deus nos disse que o Senhor nos deu a língua do conhecimento a fim de que saibamos quando é apropriado falar. Assim, podemos reconhecer uma pessoa como sábia se ela recebeu do Senhor a noção de quando ficar calada e quando falar.

Prendamos nossas palavras para que elas não se debandem. A sobriedade mental tem rédeas que deveriam guiar a boca.

Ambrósio, bispo de Milão, *Sobre os deveres do clero*,
livro i, cap. 2, seção 5, 7; cap. 3, seção 12

Sê tu minha visão, Senhor do coração;
O mais nada será, só tu serás então;
Tu, meu melhor pensar és, noite ou dia,
Acordado ou dormindo, tua luz me alumia.

Hino irlandês (c. séc. 8), da trad. de Mary E. Byrne (1905),
Hinário

PARA REFLETIR: Dt 6.4; Jó 5.21; Sl 39.1; Pv 10.11,19-20; Ec 3.1-8; Is 50.4; Mt 12.36; Ef 4.29-32; Tg 2.26-27; 3.1-12

Se prestarmos atenção ao conselho sobre o silêncio, seremos cordiais, gentis e comedidos. Pois, controlando a boca e refreando a língua, e não falando antes de examinar o que queremos dizer, ponderando e calculando nossas palavras, nós certamente praticaremos o comedimento, a gentileza e a paciência. Não falaremos sem pensar em surtos causados pela raiva e o descontentamento, dando provas de paixão ou exibições das chamas da luxúria que queimam em nossas palavras ou da raiva que sentimos. Nossas palavras deveriam demonstrar graça e perseverança moral.

Satanás estabelece seus planos quando lhe damos mostras de que as paixões controlam nosso íntimo. Ele se aproveitará de uma oportunidade para nos ferir com nossa própria espada. É muito melhor perecer pela espada de outrem que pela nossa própria! Satanás, nosso inimigo, testa nossas armas antes de atacar. Se pela nossa fala perceber que estamos perturbados, ele disparará seus dardos com a intenção de criar confusão e brigas. Se proferirmos palavras impróprias, ele preparará sua armadilha na qual coloca a isca da vingança desejada. Mordendo a isca, acabamos caindo em sua armadilha e apertando contra o pescoço o nó fatal. Se percebemos que Satanás está por perto à espreita, devemos redobrar a atenção ao que estamos prestes a dizer a fim de evitar abrir a porta para ele entrar correndo.

Ambrósio, bispo de Milão, Sobre os deveres do clero,
livro i, cap. 4, seções 14-16

Ó Soberano Senhor, nós te suplicamos que rechaces os ataques do pecado e alegres nossa mente com o resplendor do Espírito Santo. Que compartilhemos as misericórdias que tu colocaste diante de nós por meio do teu Filho unigênito, nosso Salvador. Amém.

A divina liturgia do santo apóstolo e evangelista Marcos
(antes de 200 d.C.)

PARA REFLETIR: Sl 39.1-10; 90.3; Lc 22.55-60; Ef 6.10-18; 1Ts 5.4-11; 1Pe 1.3-7

48

Fiquem alerta; mantenham-se firmes na fé; sejam pessoas corajosas. Coragem, ou perseverança, é uma virtude cristã muito importante. Está aliada a outras virtudes cristãs. Protege a beleza delas. A perseverança controla o poder do discernimento e luta contra todos os vícios com irrestrita valentia. A coragem suporta bravamente perigos, é inflexível em sua oposição aos prazeres destrutivos e calejada contra as seduções dissipadoras. A esses engodos a perseverança se recusa a dirigir uma saudação ou a lhes prestar ouvidos. Ela não se deixará corromper por amor ao dinheiro. Pelo contrário, foge da ganância como os humanos fogem da peste.

AMBRÓSIO, BISPO DE MILÃO, *SOBRE OS DEVERES DO CLERO*,

LIVRO I, CAP. 39, SEÇÃO 202

Ó Senhor e Mestre de minha vida! Livra-me do espírito de preguiça, desânimo, avidez de poder e conversa inútil. Mas, em troca, concede ao teu servo o espírito de castidade, humildade, paciência e amor. Sim, ó Senhor e Rei! Permite-me que eu enxergue meus próprios erros e não julgue meu irmão. Pois tu és bendito pelos séculos dos séculos. Amém.

ORAÇÃO QUARESMAL DE EFRÉM DA SÍRIA, ORTHODOX WIKI

PARA REFLETIR: Pv 28.1; Ez 2.1-7; Dn 3.16-18; At 4.1-22; 1Co 16.13-14; 2Co 3.17-18; Fp 1.27-30; 1Tm 6.11-16; 2Tm 1.1-10

Nada arruína mais rapidamente a perseverança cristã que entregar-se ao desejo ardente pelos bens deste mundo. Muitas vezes, quando Satanás e seus exércitos estão sendo postos em fuga, um guerreiro cristão é derrotado por se deixar distrair e encantar pelos despojos do inimigo. Se um guerreiro cristão abandona a luta e se põe a saquear os bens do inimigo, acabará trazendo Satanás de volta depois de ele ter fugido do campo de batalha, e o guerreiro cristão pode vir a morrer entre aqueles que ele deveria ter derrotado.

A perseverança, então, deve repelir, deve esmagar a epidemia imunda dos atrativos das mercadorias de Satanás. Elas não devem exercer sobre nós atração nenhuma. As verdadeiras virtudes mantêm-se fiéis a si mesmas. A perseverança deve combater os vícios como se eles estivessem tentando envenenar a virtude. Mas, fazendo isso, a perseverança deve nos proteger da glória pessoal.

Jó falhou em algum desses pontos? Ele avaliou corretamente os perigos que ameaçavam sua segurança e nunca permitiu que a ganância ou o desejo de prazeres ou luxúrias nascessem em seu coração. Preservou sua confiança em Deus. Jó nunca permitiria que o vício convivesse com a virtude.

Ambrósio, bispo de Milão, *Sobre os deveres do clero*,
livro i, cap. 39, seções 203-204

Sopro divino, sopra sobre mim,
De novo enche os meus dias;
Que eu ame o que amas
E faça o que farias.
Edwin Hatch (1805–1889), Hinário

PARA REFLETIR: 1Rs 11.1-13; 2Rs 5.1-27; Lc 12.35-38,42; Ef 6.11-17; Fp 3.12—4.1; 2Tm 4.9-10; Tg 3.13—4.10

Com a Eucaristia Cristo alimenta sua igreja. Com o alimento de Cristo a igreja progride continuamente na graça de Deus. Os cristãos devem defender o profundo significado da Eucaristia, um significado que só a noiva de Cristo pode conhecer. A Ceia do Senhor é o jardim secreto, o selo e a fonte do Senhor. Contemplando essa graça tão grande, vamos para o banquete de Cristo.

Uma das maneiras de proteger o mistério da Eucaristia, o alimento de Cristo, é levarmos uma vida santa. Uma vida profana contamina o alimento de Cristo e viola a pureza de sua noiva. A noiva de Cristo também pode contaminar o alimento que Cristo nos dá na Eucaristia ao falar de modo descuidado sobre nossa fé com os que não creem. A proteção do mistério de Cristo, de nossa fé, acontece em vidas caracterizadas pela integridade cristã. Só nesse caso nosso testemunho pode resistir impoluto. Só pela fidelidade ao mistério de Cristo pode a igreja esperar repelir as tempestades que certamente a fustigarão.

AMBRÓSIO, BISPO DE MILÃO, *SOBRE OS MISTÉRIOS*, CAP. 9, SEÇÕES 55-56

Deus todo-poderoso e eterno, eu me aproximo do sacramento do teu Filho unigênito, nosso Senhor Jesus Cristo. Apresento-me enfermo ao Médico da vida, impuro à Fonte da misericórdia, cego ao brilho da eterna Luz, e pobre e carente ao Senhor dos céus e da terra. Senhor, em tua grande generosidade, cura minha doença, lava minha impureza, ilumina minha cegueira, enriquece minha pobreza e veste minha nudez. Amém.

EXTRAÍDO DE UMA ORAÇÃO DE TOMÁS DE AQUINO, EM "ORAÇÕES ANTES DA COMUNHÃO", DIOCESE DE SUPERIOR, WISCONSIN

PARA REFLETIR: Sl 34.9; Mt 25.14-30; Lc 22.1-46; 1Co 10.3,14-22; 11.17-33

O objetivo mais elevado da virtude é conseguir a maior medida possível de bem. A gentileza é a virtude que supre esse propósito do modo mais completo. É a mais bela de todas, pois não destrói nem mesmo aqueles que condena. É a única virtude que verdadeiramente leva ao crescimento da igreja, comprada pelo Senhor com seu próprio sangue. Imitando a amorosa bondade de nosso Senhor, a gentileza busca a redenção de todas as pessoas. Em sua presença o coração dos pecadores nem treme nem entra em desespero.

Aquele que busca corrigir a fraqueza humana deve aceitar o peso dela sobre si, tal como o bom pastor carregou a ovelha perdida sobre os ombros. A moderação deve temperar a retidão. Por que deveria alguém que vocês desprezam, e que julga que a retidão de vocês o considera um objeto desprezível, apresentar-se a vocês para ser curado?

O Senhor Jesus oferece descanso e não expulsa ninguém. Ele veio em mansidão, compadeceu-se de nós, chamou-nos para junto de si e não nos fez ir embora assustados. "Venham a mim", disse Jesus, "todos os que estão cansados e sobrecarregados, e eu lhes darei descanso." Está claro que os praticantes de uma retidão rígida e orgulhosa não podem ser incluídos entre os discípulos de Jesus. Os defensores dessa retidão buscam a misericórdia de Deus enquanto a negam a outros.

AMBRÓSIO, BISPO DE MILÃO, *SOBRE O ARREPENDIMENTO*,
LIVRO I, SEÇÕES 1-3

Eu te agradeço, ó Santa Trindade, pois mediante tua grande bondade e paciência tu não te iraste contra mim. Quando eu estava prostrado em desespero, tu me levantaste para glorificar teu nome. Ilumina-me para eu meditar sobre tuas palavras, entender teus mandamentos, fazer tua vontade e celebrar-te em sincera confissão. Amém.

"ORAÇÕES DA MANHÃ", LIVRO DE ORAÇÕES DA
IGREJA ORTODOXA RUSSA DE SÃO VLADIMIR, ORAÇÃO I

PARA REFLETIR: Jó 14.4; Sl 51.2; Ec 7.17; **Mt 11.28**; Lc 7.36-50; 11.32; 15.3-5; 18.9-14; Jo 8.1-11; Gl 5.22-26; 1Ts 1.2-10

JOÃO CRISÓSTOMO

Frequentemente, quando pensamos em perseguições do povo de Deus, vêm-nos à mente aqueles que não creem. Não raro, porém, a perseguição dos fiéis provém de dentro da igreja. Isso aconteceu com João Crisóstomo (c. 347–407 d.C.), o doutor dos pregadores, que morreu a caminho do exílio. João, chamado Crisóstomo (do grego *chrysostomos*, "boca de ouro") devido à sua eloquência, nasceu de pais cristãos em Antioquia da Síria, numa época de considerável turbulência e divisão no seio da igreja. Seu pai era um oficial do exército de alto nível que morreu logo após o nascimento de João. A mãe, Antusa, assumiu a responsabilidade de criar João e sua irmã mais velha. Ela o instruiu na piedade e o enviou para as melhores escolas, onde ele estudou a cultura clássica.

Quando Crisóstomo tinha cerca de 33 anos, encontrou-se com o fervoroso, compassivo e cativante bispo Melécio. Sentiu-se tão fascinado por esse religioso que abandonou seus estudos de cultura clássica e começou a dedicar-se ao estudo das Escrituras. Por volta de 370 d.C., foi batizado. Mais ou menos em 374, Crisóstomo passou a levar uma vida de anacoreta nas montanhas da vizinhança. Mas em 386, em razão de sua debilitada saúde, foi forçado a abandonar a vida de asceta e retornar para Antioquia, onde foi ordenado sacerdote. Em 398, Crisóstomo tornou-se bispo de Antioquia. Ele iria em frente até se tornar um dos mais inflexíveis porta-vozes da fé ortodoxa dos primórdios da igreja, fazendo dela uma defesa que lhe custou caro. Crisóstomo é um doutor da igreja.

Repetidas vezes ele foi esbofeteado dentro do templo. Um de seus inimigos era Teófilo, o contencioso patriarca de Alexandria, que lhe guardava rancor pelo fato de Crisóstomo ter oferecido refúgio a alguns sacerdotes que fugiam da ira do patriarca. Antes de morrer, Teófilo arrependeu-se de suas falsas acusações contra Crisóstomo. Quem mais o perseguiu e o aterrorizou foi a imperadora Eudóxia. Ela não suportava a liberdade e autoridade apostólica da pregação de João. Apesar do apoio do papa oferecido a Crisóstomo, Eudóxia o mandou para o exílio. Mas seus inimigos na igreja não ficaram satisfeitos. Assim, eles o baniram para a mais remota região oriental do império. A caminho do exílio ele morreu, no dia 14 de setembro de 407.

Como é grande o lucro da humildade! Como é grande o perigo da soberba! Imaginem dois cocheiros de biga, o fariseu e o publicano. Eles estavam conduzindo duas bigas, cada uma puxada por dois cavalos. Os cavalos do fariseu eram a Retidão e a Soberba. Os do publicano eram o Pecado e a Humildade. Embora a biga do fariseu fosse ajudada por jejuns e dízimos, e embora o publicano fosse um cocheiro inábil, o fariseu ficou para trás. O publicano sentia-se contrito e declarou-se um pecador. O fariseu se vangloriava por não ter vícios. Por que sua biga ficou para trás? Porque, embora ele não fosse controlado pela ganância e a rapina, reinava acima de sua pessoa a mãe de todos os males: a Hipocrisia e a Soberba. Sua soberba era insuportável. Assim, ele ficou para trás.

O fariseu era como um barco que havia atravessado o oceano e sobrevivido a muitas tempestades. Depois, na entrada do porto o navio, em seu retorno, chocou-se contra rochas e perdeu a carga. Depois de suportar os sacrifícios de jejuns e árduos trabalhos para desenvolver a virtude, ele não conseguiu dominar a soberba. Voltando para casa depois da oração, ele deveria ter desfrutado grande lucro. Em vez disso, por causa de sua hipocrisia, seu barco naufragou no porto.

João Crisóstomo, Homilia sobre a humildade, seções 1-2

Vem, doce Refrigério dos que definham,
Vem, Estrela e Guia dos que navegam em tempestades;
Tu és o Porto do náufrago agitado.
Vem, Coroa e Glória dos que vivem,
Bem como a Salvaguarda dos que morrem.
Vem, Espírito Santo,
Vem, e faz-me digno de te receber.

Extraído de uma invocação de Agostinho, bispo de Hipona,
em *Prayers for Today*

PARA REFLETIR: Sl 69.32-33; Pv 15.33; 16.19; Mt 5.1-12; 11.29; 18.2-4; Lc 9.46-48; 18.9-14; 1Co 11.21-31

53

Riquezas materiais são vulneráveis a furtos, falsas acusações e servos desonestos. E até mesmo se as riquezas materiais evitarem esses perigos, elas muitas vezes causam a maior ruína a seus proprietários por provocar a inveja de outras pessoas e por suscitar inúmeras tempestades de aborrecimentos. Mas as riquezas espirituais de Cristo estão isentas desse dano e são superiores a todas as riquezas materiais. Elas se riem com desdém de supostos ladrões, caluniadores, delatores falsos e até da morte. Nem mesmo a morte pode privar os cristãos das riquezas de Cristo. Pelo contrário, na morte essas riquezas se tornam até mais garantidas. Acompanham os cristãos em sua jornada para o céu; são depositadas na vida futura.

De modo maravilhoso, por mais ardorosamente que os discípulos de Jesus façam saques, o tesouro dele nunca se esgota. A riqueza espiritual se parece com uma fonte: ela continua abundante mesmo quando muitos dela retiram água. Embora as riquezas de Cristo tenham enriquecido inúmeras pessoas, elas permanecem em seu estado original de perfeição. No entanto, os cristãos continuam sacando quando e quanto quiserem.

JOÃO CRISÓSTOMO, *HOMILIA SOBRE O PARALÍTICO DESCIDO PELO TELHADO*, SEÇÃO I

Que o Deus das misericórdias e o Deus de toda consolação, que sabiamente dispôs todas as coisas visando o melhor, nos visite por meio de sua graça e pessoalmente nos console, produzindo em nós aquilo que é do seu agrado; e que a graça de nosso Senhor Jesus Cristo repouse sobre nós, na comunhão do Espírito Santo, para que obtenhamos cura em meio a toda tribulação e aflição e progridamos em tudo o que é bom, para o aperfeiçoamento da igreja, para a edificação da nossa alma e para a glória do seu nome. Amém.

GREGÓRIO DE NISSA, *CARTAS*, CARTA 13

PARA REFLETIR: Rm 9.22-24; 11.33-36; Ef 1.7-10,18; 2.1-9; 3.8,16; 4.7-8; Fp 4.14-19; Cl 2.9-12; Ap 5.11-12

54

Quem quiser se aproximar do santo mistério da Ceia do Senhor deve estar espiritualmente atento. Deve abandonar todos os compromissos tolos e encher-se de autodomínio e prontidão. Deve banir todos os interesses estranhos à natureza de Deus. Deve purificar-se e preparar-se como se estivesse se preparando para receber um rei.

Já não devemos alimentar desejos pelas coisas desta vida terrena ou ser escravos de luxos da mesa física ou do vestuário caro. Pois em Cristo vocês têm o mais excelente vestuário, a melhor mesa espiritual, sua verdadeira casa, sua fonte de vida, sua cabeça e sua glória proveniente do alto. O mistério de Deus é que nós não apenas nos tornamos irmãs e irmãos de Cristo, mas também filhos de Deus e membros do corpo de Cristo.

Sabedores de todas essas coisas, mostremos nossa gratidão em nossa conduta. Considerem a grandeza do sacrifício de Cristo. Mantenham a dádiva de Cristo sem mancha alguma de cobiça ou engodo. Conservem a língua pura, avessa a palavras grosseiras e ofensivas e a qualquer blasfêmia e perjúrio. Honremos os mistérios de Cristo com a mesma honra com a qual Deus honra seu Filho.

JOÃO CRISÓSTOMO, *PRIMEIRA E SEGUNDA INSTRUÇÕES AOS CATECÚMENOS*, PRIMEIRA INSTRUÇÃO, SEÇÃO 2; SEGUNDA INSTRUÇÃO, SEÇÕES 1-2

Lembra-te, Senhor, de que tuas misericórdias provêm da eternidade. Estende tua mão para me puxar para ti, pois não consigo chegar mais perto se tu não me puxares com as cordas do amor. Faz de mim um servo que te agrade, pois não posso te agradar de nenhuma outra maneira. Concede-me que meu supremo amor e desejo sejam dirigidos a ti. Converte-me completamente para o teu louvor e glória, e aperfeiçoa-me em tudo o que em mim começaste. Amém.

ANSELMO, ARCEBISPO DE CANTUÁRIA, *LIVRO DE MEDITAÇÕES E ORAÇÕES*, MEDITAÇÃO 8, SEÇÃO 36

PARA REFLETIR: Jo 6.56-57; 15.4-5,15; 1Co 4.7; 11.17-33; 2Co 4.1-18; 11.2; Gl 3.27; Ef 1.22; 4.15; 1Tm 6.3-10,15-21

Os discípulos de Jesus disseram: "Ensine-nos a orar". Em resposta, ele lhes deu esta oração: "Pai nosso que estás nos céus, santificado seja o teu nome. Venha o teu reino. Seja feita a tua vontade, assim na terra como no céu. Dá-nos hoje o pão para este dia, e perdoa nossas dívidas, assim como perdoamos os nossos devedores. E não nos deixes cair em tentação". Mais tarde, Jesus mostrou aos discípulos o que ele quis dizer com "não nos deixes cair em tentação". No Jardim das Oliveiras ele orou: "Meu Pai! Se for possível, afasta de mim este cálice". Com isso, ele ensinou seus discípulos a não mergulharem em situações perigosas com excessiva confiança. Com sua própria oração, Jesus ensinou o autodomínio e a moderação. Instruiu-nos a buscar a libertação de uma situação angustiante. Mas, se isso não for permitido, devemos nos ater ao que parecer bom para Deus. Foi por isso que Jesus orou: "Contudo, que seja feita a tua vontade, e não a minha". Assim como Jesus nos ensinou, peçamos que nós nunca venhamos a cair em tentação. Mas, se isso acontecer, peçamos a Deus que nos dê paciência e coragem, e honremos a sua vontade mais que a nossa própria. Assim, passaremos esta vida presente em segurança e obteremos as bênçãos divinas que ele preparou.

Que nós consigamos isso pelo favor e pela amorosa bondade de nosso Senhor Jesus Cristo, a quem sejam dados ao Pai, juntamente com o Espírito Santo, glória, poder e honra, agora e para sempre, pelos séculos dos séculos.

João Crisóstomo, Homilia sobre Mateus 26.19, seção 4

Ó Pai nosso do céu! Ouve nossa oração;
Santo seja teu nome aqui e em cada nação;
Teu reino venha a nós; tua vontade perfeita
No céu como na terra assim seja feita.

James Montgomery (1771–1854), Hinário

PARA REFLETIR: Sl 28.7; 37.4-6; 46.10; Pv 3.6; **Mt 4.1-25; 6.9-13; 26.36-46;**
Lc 11.1-4; Rm 15.13; 1Co 12.8-10; Fp 4.4-13

(Crisóstomo fez este sermão para os que estavam sob seus cuidados e se descuidavam do discipulado cristão e de frequentar a igreja.)

Nós não convidamos pessoas a dirigir a igreja só porque elas por acaso governam nações e cidades ou porque comandam exércitos. A direção da igreja depende de um tipo diferente de governo, superior ao que se exige para governar o império.

Que espécie de líderes devem esperar encontrar os que aderem à igreja? Eles devem primeiro ser instruídos a governar as próprias paixões, dominar os desejos desregrados, controlar a ira, mitigar a má vontade, e subjugar o orgulho. O imperador pode sentar-se em seu trono e ostentar sua coroa. Mas ele não é tão perfeito como quem põe a razão no trono para governar as paixões. De que adiantam roupagens com fímbrias douradas se a pessoa continua escrava das paixões? Para que serve o benefício da liberdade externa se a consciência foi reduzida a uma ingrata escravidão?

Os profetas e apóstolos se predispõem a nos ajudar no aniquilamento do reino das paixões e na sujeição delas a um governo mais poderoso que o próprio império. Mas aqueles que se privam desse prudente cuidado sofrerão um prejuízo maior do que pode advir de qualquer outro quadrante.

João Crisóstomo, *Homilia para os que não participaram da assembleia*, seção 4

Deus Todo-poderoso, tu construíste tua igreja sobre a fundação dos apóstolos e profetas, o próprio Jesus Cristo sendo a Principal Pedra Angular; concede-nos que nos juntemos em unanimidade de espírito pelo ensino deles, que sejamos templos aceitáveis para ti; por Jesus Cristo, nosso Senhor. Amém.

"Próprio 8", Coletas: contemporâneas, LOC

PARA REFLETIR: Rm 12.1-8; 1Tm 3.1-13; 4.1-16; 5.17; 2Tm 3.1-9; 4.1-8; Tt 2.1—3.11

(Crisóstomo discute como sair da igreja após um serviço religioso.)

Se não praticamos o que se prega na casa de Deus, a pregação em nada nos beneficia. O zelo para ouvir o evangelho deve frutificar em nossa conduta. De fato, é bom ouvir proclamações divinas. Mas isso é inútil se não aparecer depois o fruto da retidão.

Mesmo que você não diga nada depois de sair da igreja, o seu comportamento deveria mostrar às pessoas o que você ganhou; a sua conduta deveria bastar para convencer outros. Deixe a casa de Deus como se estivesse saindo de um lugar sagrado, como se estivesse voltando do céu, sereno e pensativo. Que todos os que o virem voltando da casa de Deus, inclusive os inimigos, tenham alguma impressão dos benefícios disso. Considere o privilégio de ter participado dos mistérios de Cristo. Considere a comunhão do Espírito Santo na qual você bradou: "Santo! Santo! Santo!". Que aqueles com quem você depara no mundo saibam que você participou do coro dos serafins e que está incluído entre os cidadãos da comunidade celeste. Por sua conduta no mundo, faça que aqueles que você encontra saibam que você esteve na presença de Cristo.

João Crisóstomo, Homilia para os que não participaram da assembleia, seções 4-5

Deus Todo-poderoso, pela Páscoa do teu Filho tu nos resgataste do pecado para a justiça e da morte para a vida. Concede aos que ostentam o selo do teu Espírito Santo a vontade e o poder de proclamar-te para o mundo inteiro; por Jesus Cristo, nosso Senhor. Amém.

"Liturgia da Palavra", A grande vigília pascal, LOC

PARA REFLETIR: Sl 4.6-17; Mt 5.1-16; 7.15-29; Mc 4.1-25; 9.42-50; Jo 15.22; Rm 2.13,19-21; Tg 1.18-27

Venham, lavemos as roupas de nossa alma e preparemo-nos com abnegação para entrar nos Evangelhos. Ali encontraremos o Rei, ocupando seu trono em glória indescritível, com anjos e arcanjos e os triunfantes santos postados diante dele. Nos Evangelhos encontraremos a cidade de Deus, isto é, a "congregação dos filhos mais velhos", os "espíritos dos justos", os "incontáveis milhares de anjos em alegre reunião". Neles nos serão exibidos os troféus da cruz, todos os despojos conquistados por Cristo. Eles são gloriosos e evidentes. A morte e o pecado foram crucificados, e com isso Cristo ganhou riquezas para a igreja. Nos Evangelhos observaremos como o tirano foi atado e como a associação de demônios cativos segue o Cristo vencedor. Veremos como o esconderijo do ladrão foi devassado. Admiraremo-nos de como é maravilhoso Deus ter vindo à terra disposto em ordem de combate, até mesmo contra o próprio inferno. O diabo, na tentativa de derrotar o Senhor, também lá estará. Vocês verão como Deus destrói a morte por meio da morte, anula a maldição do pecado por meio da cruz e acaba com o domínio de Satanás.

Animemo-nos, pois as portas do Evangelho estão se abrindo. Entremos com júbilo e tremor.

JOÃO CRISÓSTOMO, HOMILIA SOBRE MATEUS 1.1,
HOMILIAS SOBRE O EVANGELHO DE SÃO MATEUS, HOMILIA 2, SEÇÃO 1

Ó Senhor Jesus, por meio das Sagradas Escrituras, verdadeiramente animadas pelo Espírito Santo, revela-nos plenamente o mistério do evangelho de Deus: sua sabedoria e poder, sua justificação e santificação. Dá-nos a força de que necessitamos para mostrar a outros que nós somos cristãos e que só tu podes encher o coração humano de graça, paz e alegria. Amém.

PARA REFLETIR: Jr 33.6-16; Rm 8.28-39; Ef 3.7-21; 6.10-18; Cl 2.13-20; 1Tm 3.16; **Hb** 7.4; **12.22-23**; 1Pe 3.18-22; Ap 1.9-18

AGOSTINHO, BISPO DE HIPONA

Nenhum teólogo desde o apóstolo Paulo impactou mais a igreja do Ocidente que Agostinho, bispo de Hipona (354–430 d.C.). Ele é o maior dos pais latinos e o maior teólogo da graça e do amor depois de Paulo. Sua teologia foi forjada, não em pacífica abstração, mas no calor da batalha enquanto ele desempenhava seus deveres episcopais de pastor da fé e dos fiéis. Viveu numa época em que o império do Ocidente estava em avançada decadência, quando muitos pagãos culpavam os cristãos por esse declínio.

Felizmente, não apenas conhecemos os aspectos mais evidentes da vida de Agostinho, mas também, através de suas *Confissões*, temos acesso à sua vida interior, ao processo intenso pelo qual Deus conduziu um brilhante mas libertino pagão à conversão, à santidade e às fontes de sua evoluída teologia. Agostinho nasceu no Norte da África, em Tagaste, na Numídia. As orações de sua mãe cristã, Mônica, tiveram papel importante em sua conversão. Seu pai era pagão, e assim permaneceu até a idade avançada. Um episódio da infância no qual Agostinho roubou umas peras foi utilizado mais tarde no exame que ele fez da natureza do mal.

Aos 17 anos, Agostinho foi para Cartago estudar retórica, e lá se tornou um dos mais eloquentes oradores da cidade. Com desinibidos detalhes, ele nos conta que sua vida de estudante foi acompanhada de entrega à avidez sexual. Sua concubina lhe deu um filho, Adeodato. Seu estudo de Cícero o levou à busca da verdade, uma busca que o conduziu através da adesão ao maniqueísmo e ao neoplatonismo. Enquanto ainda era um neoplatônico, provou a influência do eloquente e santo Ambrósio, bispo de Milão. Ambrósio conseguiu responder às objeções de Agostinho ao cristianismo. Em *Confissões*, Agostinho narra como a graça de Deus o capturou e o transformou de rebelde fugitivo que era em consumado amante de

Deus. *Confissões* é um livro que mapeia as consequências de um amor pecaminoso e de um transformador amor a Deus. Com o tempo, Agostinho desenvolveria uma doutrina da Trindade que explica o Pai como o Amante, o Filho como o Amado e o Espírito Santo como o Amor entre o Pai e o Filho.

Todos os mandamentos de Deus remontam ao amor. O apóstolo Paulo diz: "O alvo de minha instrução é o amor que vem de um coração puro, de uma consciência limpa e de uma fé sincera". Se alguém obedece a um mandamento movido por medo da punição ou por algum outro impulso carnal, e não por amor, essa obediência não é como deveria ser. O amor, nesse caso, significa amor a Deus e amor ao próximo. De fato, "destes dois mandamentos dependem toda a Lei e os Profetas" [RA] e, poderíamos acrescentar, o evangelho e os apóstolos. O amor aqui considerado é aquele que o Espírito Santo derrama amplamente em nosso coração. Do evangelho e dos apóstolos vêm as declarações: "O alvo da instrução é o amor" e "Deus é amor".

Portanto, o que quer que Deus ordene só é obedecido corretamente quando aferido pelo padrão do amor, a Deus e ao próximo. A verdade se aplica no tempo presente e no mundo futuro. Agora amamos a Deus na fé, e no futuro, quando ele aparecer, na visão.

Agostinho, bispo de Hipona, Enquirídio (Manual da fé, esperança e amor), cap. 121

Tu és Deus: nós te louvamos;
Tu és o Senhor: nós te aclamamos;
Tu és o Pai eterno: todas as criaturas te adoram.
A ti todos os anjos e todos os poderes do céu,
Querubins e serafins, cantam em louvor incessante:
Santo, santo, santo, Senhor, Deus de vigor e poder,
O céu e a terra estão repletos de tua glória.
"Tu és Deus", Oração matinal diária: rito 2, LOC

PARA REFLETIR: Mt 5.48; **22.34-40**; Jo 15.9-23; Rm 13.8-14; 1Co 13.1-13; **1Tm 1.3-7**; **1Jo 4.13-21**

(Agostinho diz que antes de sua conversão ele não conhecia a verdade imediata. Por isso, amava as "belezas inferiores" como fins em si mesmas e afundava sempre mais nas trevas.)

Se as coisas materiais lhe agradam, louve a Deus por elas; retribua ao Criador o amor que por elas tem. Caso contrário, as coisas que lhe agradam desagradarão ao Pai porque você as ama sem incluí-lo. Se a beleza do espírito humano lhe agrada, que ele seja amado em Deus, pois a vida humana é temporária e mutável. Mas, se você ama a vida humana em Deus, então a humanidade será firmemente estabelecida.

Leve Deus ao maior número de pessoas possível. Diga a elas: "Amemos a Deus, amemos a Deus, pois ele é o Criador e não está distante de nós. Nosso Deus não criou e depois abandonou sua criação. Não, a criação está assegurada nele".

Diga a essas pessoas: "Vejam, lá está Deus!". Ele está presente em qualquer lugar onde se ama a verdade. Ele mora no coração humano. Que os transgressores se voltem a Deus e se agarrem ao seu Criador. Mantenham-se de pé com ele, e vocês se manterão firmes. Descansem nele, e encontrarão descanso. Seu amor se tornará amargo se não se ancorar nele. Por que tomar um caminho penoso que se afasta de Deus? Por que buscar a vida na região da morte? Encontra-se uma vida abençoada onde a própria Vida se encontra.

AGOSTINHO, BISPO DE HIPONA, *CONFISSÕES*, LIVRO 4, CAP. 12, SEÇÃO 18

Ó Deus, a gloriosa companhia dos apóstolos te louva;
A nobre sociedade dos profetas te louva;
O exército de mártires vestidos de branco te louva;
No mundo inteiro a santa igreja te aclama.
"TU ÉS DEUS", ORAÇÃO MATINAL DIÁRIA: RITO 2, LOC

PARA REFLETIR: Sl 91.1-16; Lc 19.1-9; Jo 5.24-27; At 9.13-19; 2Ts 3.1-5; 1Jo 2.1-11

(O fim da longa jornada de Agostinho para Cristo.
Ele e um amigo entraram num pequeno jardim.)

Ninguém poderia impedir a intensa controvérsia dentro de mim. Tu, Senhor, sabias como isso iria acabar. Eu conhecia a má pessoa que era, mas não o ser bom que logo me tornaria. Estava atribulado em espírito. Irritava-me por não ter já abraçado a tua vontade e aliança, que meus ossos clamavam por abraçar, elevando aos céus louvores por tudo isso. Eu falava e chorava em amarga contrição, quando eis que de repente ouvi, provindo de uma casa vizinha, a voz de uma criança: "Tome e leia". De imediato minha fisionomia mudou. Interpretei a voz da criança como uma ordem de Deus para abrir o volume [Romanos] e ler o primeiro capítulo que achasse. Peguei o volume, abri e li a primeira seção: "não em orgias e bebedeiras, não em imoralidade sexual e depravação, não em desavença e inveja. Ao contrário, revistam-se do Senhor Jesus Cristo, e não fiquem premeditando como satisfazer os desejos da carne" [NVI]. Não precisei continuar a leitura, pois de imediato, com uma luz de serenidade, por assim dizer, infundida no coração, toda a minha escuridão desapareceu.

AGOSTINHO, BISPO DE HIPONA, *CONFISSÕES*, LIVRO 8, CAPS. 8—12

Tu, ó Cristo, és o rei da glória,
O Filho eterno do Pai.
Quando te tornaste homem para nos libertar,
Tu não rejeitaste o ventre da Virgem.
Superaste o aguilhão da morte
E abriste o reino dos céus a todos os crentes.
Tu estás sentado à destra de Deus na glória.
Nós acreditamos que tu virás e serás nosso juiz.
"TU ÉS DEUS", ORAÇÃO MATINAL DIÁRIA: RITO 2, LOC

PARA REFLETIR: Mt 19.21; Jo 3.1-8; At 9.1-19; **Rm 13.8-14**

62

(Agostinho oferece sua doxologia depois de converter-se.)

"Senhor, sou teu servo e o filho de tua serva [Mônica, mãe de Agostinho]. Tu rompeste os elos de minhas correntes. Minha língua e meu coração te oferecerão um sacrifício de louvor." Sim, que todo o meu ser exclame: "Quem se compara a ti, Senhor?". Que ele diga que tu és a minha salvação. Quem sou eu? O que sou eu? Que maldade existe que eu não tenha praticado ou em atos e palavras, ou na intenção? Mas tu, Senhor, és bom e misericordioso. Tua mão direita percebeu a profundidade de minha morte espiritual. Desde o fundo do meu coração tu esvaziaste aquele meu abismo corrompido. O resultado foi que passei a querer o que tu queres em vez de, como antes, fazer apenas o que eu queria. Mas onde estava o meu livre-arbítrio durante todos aqueles anos? De que profundo recesso tu chamaste, num momento, minha vontade para te receber livremente? Como, num momento, tu submeteste meu pescoço ao teu jugo suave e meus ombros ao teu fardo leve, ó Cristo Jesus, meu Auxílio e Redentor?

AGOSTINHO, BISPO DE HIPONA, *CONFISSÕES*, LIVRO 9, CAP. 1, SEÇÃO 1

Vem então, Senhor, e socorre teu povo,
Resgatado pelo teu próprio sangue,
E leva-nos com teus santos para a glória sempiterna.
Salva teu povo, Senhor, e abençoa tua herança.
Governa-os e sustenta-os, agora e sempre.
Dia após dia nós te bendizemos
E louvamos teu nome eternamente.
"TU ÉS DEUS" E SUFRÁGIO B, ORAÇÃO MATINAL DIÁRIA:
RITO 2, LOC

PARA REFLETIR: Sl 35.10; 51.10-19; 72.18-19; 106.47-48; **116.16-17;**
Lc 19.8; Rm 5.1-5; Gl 2.20; Ef 1.15-23; Fp 2.12-13

63

"E o que é este Deus?", perguntei à terra. "Tu és aquilo pelo qual eu anseio?" Ela respondeu: "Eu não sou ele". Em seguida, tudo o que nela existe me deu a mesma resposta. Então perguntei ao mar e às suas profundezas e a todos os seres rastejantes. Eles responderam: "Nós não somos o seu Deus; você deve procurar acima de nós". Então perguntei ao ar fugaz das alturas. O ar com todos os seus habitantes respondeu: "Anaxímenes de Mileto, o filósofo grego que pensava que o ar era a fonte de todas as coisas, enganou-se; eu não sou Deus". Finalmente, perguntei aos céus, ao sol, à lua e às estrelas. "Nós tampouco", disseram eles, "somos o Deus que tu procuras." Repliquei então a todas as coisas que cercam a minha carne, a toda a criação: "Vocês me falaram do meu Deus afirmando-me que não são ele. Digam-me então alguma coisa sobre Deus". Elas todas então proclamaram em um brado: "Ele nos criou!".

Agostinho, bispo de Hipona, *Confissões*, livro 10, cap. 6, seção 9

Guarda-nos hoje, Senhor, de todo pecado;
Tem piedade de nós, Senhor, tem piedade.
Senhor, mostra-nos teu amor e piedade,
Pois em ti depositamos nossa confiança.
Em ti, Senhor, está nossa esperança;
E jamais haveremos de esperar em vão.

Sufrágio B, Oração matinal diária: rito 2, LOC

PARA REFLETIR: Gn 1.1-26; Ne 9.6; Sl 146.6; 148.2-5; Is 37.16; Jr 10.11-16; 40.28; Jo 1.1-5; 1Co 2.11; 13.12; Ap 4.11

Como tu nos amaste, bom Pai, tu que não poupaste teu único Filho, mas o entregaste aos ímpios! Como tu nos amaste, pois aquele que não considerou usurpação ser igual a ti, todavia sujeitou-se até à morte na cruz. Ele, que é o único sobre quem a morte não tinha poder algum, tinha o poder de dar sua vida e o poder de retomá-la. Ele para ti foi por nós o Vencedor e a Vítima; o Vencedor porque estava disposto a tornar-se a Vítima. Ele para ti foi por nós o Sacerdote e o Sacrifício; o Sacerdote por causa do Sacrifício. Servindo-nos, ele conseguiu que nos tornássemos teus servos, e mediante um novo nascimento ele nos fez ser teus filhos. Com razão, portanto, nele firmemente se baseia minha esperança de que tu, por meio dele, hás de curar todas as minhas enfermidades, pois ele agora está sentado à tua direita e intercede por nós. Se assim não fosse, eu entraria em desespero. Pois muitas e grandes são as minhas enfermidades; mais poderoso, porém, é o teu remédio. Nós teríamos entrado em completo desespero, pois teríamos imaginado que tua Palavra demasiado distante de nós não se teria feito carne e habitado entre nós.

Agostinho, bispo de Hipona, Confissões, livro 10, cap. 43, seção 69

Projeta dentro de nosso coração a luz incorruptível do teu conhecimento, ó Mestre, Amante da humanidade, e abre-nos os olhos da mente ao entendimento do teu evangelho; instila também em nós o temor de teus abençoados mandamentos, para que, pisando todos os desejos da carne, nós busquemos um estilo de vida espiritual, ficando atentos e praticando tudo o que é do teu perfeito agrado. Amém.

Adaptado de A divina liturgia de São João Crisóstomo, Orthodox.net

---

PARA REFLETIR: Sl 88.5; 103.3; Jo 1.14; Rm 5.8; 8.32-39; 2Co 5.14; 13.14; Gl 2.20; Fp 2.6-8

◇◇◇◇◇◇ **65** ◇◇◇◇◇◇

Há uma importante diferença qualitativa entre bens temporais e bens eternos. Um objeto temporal é mais valorizado antes de ser possuído do que depois; seu valor começa a diminuir no momento em que passamos a possuí-lo. Os objetos temporais não podem satisfazer a alma cujo verdadeiro lugar de prazer se situa na eternidade. Em contrapartida, um objeto eterno, depois de ser finalmente obtido, é mais amado do que quando ainda era um objeto de desejo. Não existe ninguém que, enquanto almeja um bem eterno, pode valorizá-lo mais do que deveria. Melhor dizendo, por maior que seja o valor que se atribui ao bem eterno durante a jornada para o céu, quando esse bem chega, seu valor continua a crescer.

Um dia a visão substituirá a fé, e a esperança será engolida pela alegria perfeita com o Senhor à qual chegaremos. Nosso amor, em contrapartida, se tornará mais forte exatamente quando a visão substituir a fé e a esperança. Se pela fé amamos aquilo que ainda não vemos, muito mais o amaremos quando o virmos. E, se amamos mediante a esperança aquilo que ainda não alcançamos, muito maior será nosso amor quando o alcançarmos.

Agostinho, bispo de Hipona, *A doutrina cristã*, livro i, cap. 38,

seção 42

Ó misericordioso Pai celeste, faz-me ter fome de ti de todo o meu coração e ter sede de ti do meu mais íntimo ser; faz-me servir somente a ti com tudo o que sou. Que com todas as minhas energias eu busque o que é agradável aos teus olhos. E assim a ti, com Jesus Cristo, teu Filho unigênito e nosso Senhor, e com o Espírito Santo, o Paracleto, teu santíssimo Dom, sejam dadas honra e glória para todo o sempre. Amém.

Anselmo, arcebispo de Cantuária, *Livro de meditações e*

orações, meditação 8, seção 37

PARA REFLETIR: Rm 15.13; Gl 5.5; Ef 1.18; Cl 1.5,23,27; Hb 12.1-13; 1Pe 1.8; 4.1-11; 5.6-11; 2Pe 3.14-18

"Felizes os que promovem a paz, pois serão chamados filhos de Deus." Sujeitando-se à razão e controlando os impulsos carnais, eles constituem um reino governado por Deus. Aqui os bens são dispostos de forma que o que tiver suprema importância reina incontestado. O todo é disciplinado pelo melhor, pela Verdade em si: o Filho unigênito de Deus.

Os pacificadores do reino disciplinarão os seres inferiores sujeitando-os ao que é superior. Essa é a paz concedida aqui na terra, e ela caracteriza um cristão maduro e sábio. Desse reino, conduzido à paz e à ordem, o príncipe deste mundo foi expulso.

Depois que a paz do reino de Deus for interiormente estabelecida, o expulso príncipe das trevas causará problemas. O fracasso de suas táticas mostrará com que cuidado e vigor o reino de Deus foi construído. Por isso lemos em seguida: "Felizes os perseguidos por causa da justiça, pois o reino dos céus lhes pertence".

Agostinho, bispo de Hipona, O Sermão do Monte,
livro i, cap. 2, seção 9

Senhor Jesus, tu és o Salvador das ovelhas perdidas, a Esperança dos exilados, a Força dos sobrecarregados, o Repouso do espírito ansioso, e a Consolação e o Refrigério saudável das almas tristes que anseiam por paz. Pois tu és a Fonte de todas as graças e a gloriosa Descendência de Deus, tu mesmo sendo Deus. Ó Senhor, permite que agora todas as coisas nos altos céus e aqui embaixo na terra te bendigam, pois tu és grande, com o Pai e o Espírito Santo, um único Deus para sempre. Amém.

Anselmo, arcebispo de Cantuária, Livro de meditações e
orações, meditação 9, seção 49

PARA REFLETIR: Mt 5.9-10; 16.17-20; Lc 2.14; 2Co 11.16—12.10; Tg 3.13-18; 5.7-12; 2Pe 4.12-19

JOÃO CASSIANO

João Cassiano (Johannes Cassianus, c. 360–435 d.C.) nasceu em Cítia Menor, na fronteira entre a Romênia e a Bulgária. Era um homem jovem quando viajou para Belém, onde ingressou num mosteiro. Ali tornou-se aluno do abade Germano. Em 384, esses dois homens, agora amigos, fizeram uma peregrinação para visitar eremitas egípcios. A paz da solidão provocou-lhes um impacto tão profundo que eles permaneceram com os eremitas por sete anos. Durante essa estadia, Cassiano tornou-se aluno de Evágrio do Ponto, um estudioso clássico. Quando deixaram o Egito, Cassiano e Germano viajaram para Constantinopla, onde se associaram a João Crisóstomo, patriarca de Constantinopla. Lá, João Cassiano foi ordenado diácono. Sua pacífica residência nessa cidade foi interrompida quando Crisóstomo se viu forçado a sair de Constantinopla por causa de seu evidente apoio à teologia de Orígenes de Alexandria. João Cassiano foi enviado a Roma para defender Crisóstomo perante o papa Inocêncio I.

Durante o tempo em Roma, João Cassiano foi convidado a estabelecer um mosteiro no sul da Gália, perto de Marselha, segundo o modelo dos monges egípcios. Parte do motivo de sua aceitação foi que, quando Alarico saqueou Roma (410 d.C.), João se convenceu de que só era possível conseguir a paz e a santidade religiosa abandonando a sociedade. Em 415, fundou a Abadia de São Vítor. Ela abrigava monges e monjas e tornou-se um modelo para futuros mosteiros no Ocidente.

Para instrução de seus alunos, Cassiano escreveu dois livros. O primeiro expunha as regras para a organização exterior da vida de um eremita. No segundo, apresentava o modelo de vida interior com o intuito de atingir, no fim, o objetivo monástico da santidade. Para ele, santidade cristã significa amar a Deus e ao próximo de todo o coração e integrar toda pessoa em conformidade com a graça e o amor divinos.

As *Conferências* de João Cassiano nos dão um vislumbre de como era a vida nos primeiros mosteiros cristãos. Lendo suas *Conferências*, aprendemos muito sobre a distinção entre o discipulado autêntico e o superficial.

Cassiano morreu na Abadia de São Vítor por volta de 435 d.C.

Acontece com alguns que supostamente renunciaram a este mundo — inclusive a muita riqueza — para seguir Cristo que mais tarde sua paz é perturbada pelas coisas mais insignificantes. Poderia ser uma faca ou um lápis. Se eles tivessem mantido o olhar fixo na busca de um coração puro, não teriam permitido que sua paz fosse perturbada por tais ninharias. Alguns monges guardam seus livros com tanto ciúme que não permitem que eles sejam nem de leve tocados ou mexidos. Em consequência disso, põem em risco sua paz com Cristo. Eles deveriam ver nisso um aviso, pois correm o perigo de ser tomados pela impaciência e até mesmo pela morte espiritual.

Deveriam concentrar-se na aquisição da paciência e do amor. Alegam que abandonaram tudo por amor a Cristo. No entanto, demostram o espírito de sua velha tendência terrena. A menor perturbação desorienta seu discipulado. Com isso, tornam-se espiritualmente estéreis, vazios de amor. Não se consegue a vida de santidade simplesmente por meio da abnegação, desfazendo-nos de nossos bens ou jogando fora nossas honrarias. Se não houver amor — a verdadeira pureza de coração — nada mais tem realmente importância. Não ser invejoso, não se alegrar com a iniquidade, não pensar mal — que é tudo isso senão sempre oferecer a Deus um coração perfeito e puro e mantê-lo afastado do que é contra o amor?

João Cassiano, *Conferências*, parte i, conferência i, (abade Moisés), cap. 6

Concede-me, Senhor, um coração justo que nenhuma perversa intenção possa transviar; um coração desimpedido que nenhum desejo impetuoso possa escravizar. Amém.

Tomás de Aquino, em "Orações de São Tomás de Aquino", Orações de São Tomás

---

PARA REFLETIR: Lc 15.21-32; 18.18-30; 21.1-4; Rm 6.1-23; 12.3-21; 1Co 3.16—4.5; 13.1-13

68

Toda prática e atividade espiritual cristã devem ter o amor como alvo. O amor de um coração puro é a razão da busca da solidão e da prática do jejum, do comprometimento com vigílias, da leitura das Escrituras e do desenvolvimento das virtudes cristãs. Fazemos isso a fim de nos preparar para um puro amor a Deus e ao próximo e a fim de não ser prejudicados por paixões perversas. Essas práticas são apenas apoios e passos para o aperfeiçoamento da caridade. Se por algum motivo formos impedidos de praticar nossos costumeiros deveres espirituais, não devemos ser derrotados pela frustração ou raiva.

O que ganhamos jejuando não compensará o que perdemos na raiva; tampouco o lucro obtido pela leitura da Bíblia superará o prejuízo que resulta do desprezo por nossa irmã ou nosso irmão. Por mais importantes que sejam o jejum, a oração, as vigílias e as leituras, sua importância é secundária quando comparada com nosso alvo central, que é amar de coração puro. Na busca do jejum, da oração e das leituras não nos afastemos do valor cristão central. Enquanto o alvo for intacto e incólume, não seremos prejudicados pela omissão necessária de quaisquer outras práticas. Em contrapartida, de nada valerá ter feito todas essas outras coisas se o amor não ocupar a posição primária.

João Cassiano, *Conferências*, parte i, conferência i,
(abade Moisés), cap. 7

Ó Senhor, dá-nos uma mente humilde, calma, pacífica, paciente e caridosa, e um toque do teu Espírito Santo em todos os nossos pensamentos, palavras e obras. Ó Senhor, dá-nos uma fé vivaz, uma esperança firme. Dá-nos fervor e prazer em pensar em ti, em tua graça e em tua terna compaixão por nós. Amém.

Tomás More, "Oração pelo fervor no pensar em Deus",
Orações de São Tomás

PARA REFLETIR: Mt 13.1-8,18-23,44-45; 18.1-9; Lc 8.16-18; 14.25-34; 18.9-14; 1Co 13.1-13; Tg 4.1-10

Um artesão procura ansioso as ferramentas de que precisa para seu trabalho. Mas elas não são um fim em si mesmas. São usadas na prática de sua arte e, portanto, têm um papel secundário. A pessoa que simplesmente se contenta com possuir as ferramentas vendo nelas um valor supremo — por mais bem feitas que sejam — e nem sabe como usá-las é, de fato, ignorante.

De igual modo, jejuns, vigílias, meditações sobre as Escrituras, abnegação e abandono das posses não constituem por si sós uma vida santa; são apenas arrimos para uma vida santa, ferramentas para construir a santidade cristã. O cristão se compromete inutilmente com essas práticas se ele achar que elas constituem uma vida santa e deixar de usá-las para aperfeiçoar o amor. Ele possui os implementos da santidade, mas não sabe para que servem.

Tudo o que pode perturbar a pureza de coração e a paz de espírito — mesmo que possa parecer útil — deve ser evitado. Com essa regra nós avançamos direto para o amor santo.

João Cassiano, Conferências, parte i, conferência i,
(abade Moisés), cap. 7

Concede-me, ó Senhor, eu te suplico, que eu seja atraído para ti. Atrai, ó Senhor, todo o meu ser para o teu amor. Tudo o que sou é teu por criação; faz tudo isso teu por amor. Eis, ó Senhor, meu coração aberto diante de ti. Tu que fizeste que eu te buscasse, faz que eu te receba. Agarra-te a ele, ó minh'alma; agarra-te, agarra-te com insistente ardor. Amém.

Anselmo, arcebispo de Cantuária, Livro de meditações e
orações, meditação 11, seção 54

PARA REFLETIR: Mt 23.3-19; Lc 6.43-49; 2Tm 3.5; Tt 1.15-16; Ap 2.1-7;
3.7-13,19-22

A contemplação de Deus se dá de muitas maneiras. Nós não vemos Deus somente quando adoramos a Trindade; nós também o vemos mediante a grandeza de sua criação, de seus métodos justos e de sua providência diária. Vemos Deus quando com a mente pura contemplamos o que ele fez por seu povo em todas as gerações, e quando com o coração trêmulo admiramos a majestade com a qual ele dirige e governa todas as coisas.

Podemos ver Deus quando nos damos conta de que todos os nossos dias, horas e épocas passadas e futuras são de seu conhecimento.

O melhor de tudo é que nós vemos Deus quando fitamos, tomados de incomensurável admiração, sua incompreensível misericórdia. Com paciência incansável ele suporta nossos inúmeros pecados sendo cometidos bem sob seu olhar. Quando não existia nenhum mérito prévio de nossa parte, somente por meio da graça Deus se nos deu a conhecer. Depois, pela graça espontânea de sua compaixão, ele nos reconciliou consigo. Deus se revela em ocasiões sem conta que visam nos oferecer a salvação. De fato, desde o berço ele nos ofereceu sua graça e o conhecimento de sua lei.

João Cassiano, Conferências, parte i, conferência i,
(abade Moisés), cap. 15

Ó Senhor, meu Deus, ensina-me a ser obediente sem restrição, pobre sem subserviência, casto sem transigência, humilde sem presunção, alegre sem depravação, sério sem afetação, ativo sem frivolidade, submisso sem amargura, sincero sem duplicidade, frutuoso em boas obras sem me vangloriar; pronto a servir o próximo sem arrogância e pronto a edificar outros com palavras e exemplos sem ser desonesto. Amém.

Tomás de Aquino, "Oração de Tomás de Aquino",
Orações de São Tomás

PARA REFLETIR: Sl 25.1-11; 33.18-22; 94.17-19; Is 55.1-13; Mt 18.21-35; Lc 1.46-53; Rm 3.21-31; 5.1-11; Ef 2.1-10; Hb 4.14-16; 1Pe 2.9-12

71

A roda d'agua usada para moer grãos de trigo pode nos ensinar como lidar com pensamentos indesejados. A água se precipita sobre a roda e a faz girar. A roda não para enquanto a água escorrer sobre ela. Todavia, o moleiro pode decidir que grãos ele joga sobre a mó. Será trigo, cevada ou joio?

De igual modo, torrentes de pensamentos desregrados, tentações e provações escorrem sobre nossa mente e a fazem girar. Tão impossível é para nós evitar isso como é impossível para uma roda d'água deixar de girar. Todavia, uma pessoa de caráter pode decidir quais pensamentos serão alimentados e quais descartados. Mas isso exige uma diligência semelhante à do moleiro. Quem é cristão deve disciplinar a mente por meio da oração, da meditação sobre as Sagradas Escrituras e da implantação na memória das coisas do Espírito Santo. É preciso que haja um compromisso com a santidade em todas as partes de nossa vida.

Se nos deixarmos dominar por preguiça ou desleixo, se perdermos tempo em conversas inúteis, se nos deixarmos enredar pelas preocupações deste mundo ou sufocar por alguma ansiedade desnecessária, então ervas daninhas crescerão em nosso coração.

João Cassiano, *Conferências*, parte i, conferência i, (abade Moisés), cap. i8

Ó Deus trino, que seguro fundamento para nos alegrar teremos se por teu Espírito estabelecermos o objetivo de ser completamente possuídos por ti, se nossa vontade se transformar em tua vontade, e se nosso maior desejo for o de te agradar! Por meio do ministério do Espírito Santo, permite-me que eu me ofereça a ti como sacrifício vivo. Amém.

Henry Scougal, *A vida de Deus na alma do homem*, parte 2

PARA REFLETIR: Pv 25.28; Mt 5.13-16; 6.19-21; 7.1-5; 1Co 2.12; 9.24-27; 2Co 4.7-12; Ef 5.8-11; 6.10-18; 2Tm 2.1-4; Tt 2.11-14

O poder do discernimento tem quatro partes. A primeira é a capacidade de distinguir entre valores autênticos e valores vazios. Há quem considere como ouro coisas que são apenas douradas para esconder seu verdadeiro valor. A segunda é a capacidade de distinguir entre obras de verdadeira justiça e obras que são apenas moedas falsas. Elas exibem a efígie do rei, mas quando examinadas descobre-se que são falsamente cunhadas. Devemos distinguir entre o ensino que é herético e o ensino que traz o padrão de ouro das Escrituras. A terceira parte do discernimento consiste em reconhecer aqueles cujo verdadeiro peso e valor nada mais são que a ferrugem da vaidade. A vaidade não tem nenhum peso nas balanças dos apóstolos e dos pais da igreja. Quando fazemos qualquer coisa para obter glória humana, estamos simplesmente acumulando na terra um tesouro passível da destruição da ferrugem e das traças. Os poderes do mal destruirão esse "tesouro", e as traças do orgulho o consumirão. A quarta parte é investigar regularmente os recessos mais íntimos de nosso coração. Examinem as pegadas de todos os que entram. Caso contrário, alguma fera pode passar e depois indicar a entrada a outras. Diariamente devemos usar o arado do evangelho para revolver a terra de nosso coração. Assim, podemos saber se algum intruso entrou.

João Cassiano, *Conferências*, parte i, conferência i,
(abade Moisés), cap. 22

Ó meu Deus e Senhor todo-misericordioso, Jesus Cristo, cheio de compaixão, por meio do teu grande amor tu desceste do teu trono e te encarnaste para salvar a raça humana. Ó Salvador, eu te suplico, salva-me por meio da tua graça! Que a fé, e não minhas indignas obras, seja posta na minha conta, ó meu Deus. Amém.

Extraído de uma oração de João Crisóstomo, "Orações sazonais: para a Quaresma", Orações, iBreviary.com

---

PARA REFLETIR: Sl 39.1-24; Pv 1.1-33; **Mt 6.19-21;** At 20.28-31; Rm 12.3; 16.17-18; 2Co 13.5; Gl 1.8-10; 6.3-5; Fp 1.10; Tg 1.22-25

Na história da igreja houve muitos naufrágios porque as pessoas deixaram de obter e praticar a graça do discernimento. A discrição cristã não é uma virtude que se obtém com a própria força. O verdadeiro discernimento cristão nos é dado pela ajuda do Espírito Santo. O apóstolo Paulo o considera um dos dons mais nobres do Espírito. Ele enfatiza que o dom do discernimento não é pouca coisa. É um prêmio da graça divina que deve ser zelosamente desenvolvido. Caso contrário, maus espíritos certamente surgirão em nós e nos afastarão do bom caminho. Nas trevas cairemos em perigosos abismos e despenhadeiros e cometeremos erros em questões que deveriam ser evidentes e diretas.

Sem discernimento as mais vigorosas disciplinas cristãs — jejum, vigílias, isolamento, abnegação, deveres de bondade — terão um fim terrível. A discrição, nascida do Espírito Santo, permite que prossigamos na estrada e evitemos excessos nos dois extremos: envaidecendo-nos pelo zelo e pela virtude, de um lado, e vivendo na tibieza e no vício, do outro. Não nos disse o Senhor que "Quando os olhos são bons, todo o corpo se enche de luz"? Mas a incapacidade de discernir obscurecerá nossa visão e nossas ações espirituais.

João Cassiano, Conferências, parte 1, conferência 2,
(abade Moisés), caps. 1—2

Santo Espírito, poderoso Conselheiro, sagrado Vínculo do Pai e do Filho, nós cremos que quando tu habitas em nós tu também preparas uma habitação para o Pai e o Filho. Que nenhum desejo perverso se apodere de mim. Vem a mim, Glória dos viventes e Esperança dos moribundos. Conduz-me por tua graça para que eu seja sempre do teu agrado. Amém.

Atribuído a Agostinho, bispo de Hipona, "Oração para
a habitação do Espírito Santo", The Fresh Anointing

PARA REFLETIR: 1Rs 3.9; Pv 2.1-5; 23.1-2; **Mt 6.19-24;** 1Co 12.8-11; 2Co 11.13-15; Fp 1.9-10; Cl 2.8; 1Jo 4.1-6

Por que teria Davi pedido que Deus lhe concedesse o entendimento de seus mandamentos? Ele conhecia a lei. E a natureza lhe dera a capacidade de raciocinar. Do que mais ele precisava? A resposta é que, usando apenas a sabedoria humana, a pessoa não pode compreender os caminhos do Senhor. Diariamente ele precisa iluminá-la. Não alegando nenhum mérito próprio, Davi sabia que somente a propícia graça de Deus possibilita o verdadeiro entendimento e a verdadeira obediência.

O apóstolo Paulo também sabia disso. Ele disse que Deus precisa nos capacitar para querermos o que ele quer. Nossa vontade e sua boa execução devem ser liberadas pelo Senhor. Além disso, o próprio início de nossa conversão, nossa expressão da fé e a resignação aos sofrimentos são dádivas preciosas do Senhor.

Não basta que o início da salvação se dê pela graça; é somente pela graça que a redenção continua e atinge a completude. Somente o Senhor ergue os caídos, torna sábios os tolos e dá vitória aos derrotados pelo pecado.

Nada disso exclui a importância de nossa vontade, esforço ou zelo. Mas nos ensina que não podemos caminhar na direção do Senhor se ele antes não caminhar na nossa direção. Tampouco podem nossos esforços nos proporcionar um coração puro se isso antes não nos for concedido pela graça e o poder de Deus.

João Cassiano, *Conferências*, parte 1, conferência 3, (abade Pafúncio), cap. 15

Ó Senhor, meu Deus, eu não poderia ter começado a te amar se antes tu não tivesses começado a me amar. Eu bem sei que para mim nas portas do inferno estava escrito: "morte e danação merecidas". Mas, em virtude do teu inestimável amor, na porta do céu foi escrito: "benévola dádiva da graça". Aleluia! Amém.

PARA REFLETIR: 1Sm 2.9; Sl 68.28; 118.14; 119.124-125; 146.5-9; Pv 21.31; 2Co 3.5-6; Fp 1.29; 2.13; 3.7-16; Hb 2.1-4; 10.19-26

Os apóstolos entenderam tão profundamente que tudo o que se refere à nossa salvação vem do bondoso Senhor que eles até pediram que lhes fosse concedida a fé. Eles não alimentavam a esperança de que a vontade humana pudesse gerar a fé. Sabiam que toda confiança no Senhor deve ser concedida por Deus como uma generosa dádiva. O próprio Senhor é o Autor de nossa salvação. Ele nos ensina como seria frágil, fraca e insuficiente a fé gerada de modo humano. A fé precisa surgir como dom do Senhor, e deve ser constantemente intensificada por ele. Jesus disse a Pedro: "Simão, Simão, Satanás pediu para peneirar cada um de vocês como trigo. Contudo, supliquei em oração por você, para que sua fé não vacile". Quando sua fé estava sendo vergastada pelos vagalhões da descrença, ante a ameaça de um iminente naufrágio, Pedro exclamou: "Senhor, ajuda-me a vencer minha incredulidade!".

JOÃO CASSIANO, *CONFERÊNCIAS*, PARTE I, CONFERÊNCIA 3, (ABADE PAFÚNCIO), CAP. 16

Supliquemos então a Deus e acreditemos no amor, e ansiosamente esperemos que ele nos conceda a graça celestial do Espírito e que o próprio Espírito possa nos governar e guiar na perfeita vontade de Deus, e nos revigorar com toda a variedade de seu alento. Amém.

MACÁRIO-SIMEÃO, *CINQUENTA HOMILIAS ESPIRITUAIS*, HOMILIA 18, SEÇÃO 10

PARA REFLETIR: Mt 8.23-27; **14.22-23; Mc 9.22-24; Lc 17.5; 22.31-32;** Jo 1.17; 6.65; 15.4-5; Rm 5.8; 10.1; 1Co 4.7; Ef 2.8-9; Hb 11.1-2

Muitos que dizem ter renunciado ao mundo para se tornar monges vestem o hábito monacal, mas tudo o mais neles permanece o mesmo. Anseiam por riquezas, disfarçam sua luxúria como um compromisso com a santidade e rotulam o acúmulo de bens como uma preparação para atender os necessitados.

Se estivessem de fato buscando uma vida santa, eles se despojariam de seu antigo caráter pecaminoso e se sujeitariam a práticas que conduzem à santidade. Eles ambicionam mandar em outras pessoas, mas não aceitam que ninguém os controle. Insistem em ensinar outros, mas não aceitam ser ensinados. "São guias cegos conduzindo cegos."

Primeiro, eles se apresentam como cristãos humildes e sérios. Segundo, estão determinados a mostrar que não são inferiores a ninguém. Agem como se fossem mais bem informados que qualquer outra pessoa. Irrompem em discursos desconexos e nada ponderados.

Pecados que se ocultam sob o disfarce da virtude e viajam usando as vestes da santidade são piores e mais difíceis de mudar que os de uma vida abertamente entregue aos prazeres carnais. Estes podem ser enfrentados e curados. Aqueles fazem suas vítimas se afundar cada vez mais no perigo e na morte.

João Cassiano, Conferências, parte i, conferência 4,
(abade Daniel), cap. 20

Ó Deus Soberano e Todo-poderoso, que seja do teu agrado, em tua bondade e misericórdia, perdoar qualquer pecado que cometamos. Não nos abandones, Senhor, enquanto esperamos em ti, nem nos deixes cair em tentação, mas livra-nos do maligno e de suas obras, por meio de tua graça e pelo amor do teu Filho unigênito. Amém.

A divina liturgia do santo apóstolo e evangelista Marcos
(antes de 200 d.C.)

PARA REFLETIR: Mt 15.13-14; Rm 6.19; Ef 4.17-32; 1Ts 3.8-13; 2Tm 3.5; Tg 1.8; 1Jo 1.4-10; Jd 1.12-13; Ap 3.14-18

Há uma enorme diferença entre quem tenta extinguir o fogo do pecado por meio do medo do inferno e um desejo de recompensas futuras, e quem tem horror ao pecado e à sua impureza. Este é motivado pelo amor a Deus. Abraça a pureza e a virtude porque anseia pela santidade. Motivado pelo amor, não precisa de promessas de futuras recompensas. Simplesmente se alegra nas coisas boas do Senhor. Ele se compraz na virtude em si e por si mesma, não por ela ser uma forma de evitar punições. Movido pelo amor de Deus, não transforma a ausência daqueles que o vigiam em oportunidade para pecar. Tampouco permitirá ser secretamente seduzido por maus pensamentos. No fundo de sua alma reside um amor pela piedade que impede a entrada do pecado e o odeia veementemente.

Contrastando com isso, quando os motivos para evitar o mal são eliminados em alguém que só serve a Deus para evitar a punição, ele voltará para aquilo que ama. A familiaridade com o que é bom acaba. Sendo um estranho à pureza, ele jamais conhecerá a paz de Deus.

A pessoa que conhece a paz do Senhor e que ama a piedade por si mesma sempre estará de acordo com o que é bom, porque seu amor está isento de qualquer falsidade.

João Cassiano, *Conferências*, parte 2, conferência 11, (abade Queremão), cap. 8

Ó Pai eterno, pelo Espírito Santo que em nós habita, faz que nosso amor por ti seja abundante, crescendo cada vez mais em conhecimento e profundidade de percepção. Ilumina-nos para que discirnamos as coisas que são excelentes e para que sejamos repletos do genuíno fruto da justiça que provém por meio de Jesus Cristo, para a glória e o louvor de Deus. Amém.

PARA REFLETIR: Mt 8.5-14,24-27; 13.4-15; Lc 11.37-54; Jo 12.42-50; 14.15-24; 2Co 5.13-19; Cl 2.1-4

Há uma diferença qualitativa entre quem serve a Deus como seu filho e quem é apenas servo. O filho serve o Pai com amor; o servo, por temor e por um mercenário desejo de recompensas. O filho quer a glória do Pai; mas tudo o que o servo faz é para seu próprio lucro.

Por adoção, Deus quer transformar servos em filhos e filhas que o servem com amor duradouro. Ele quer que seus filhos sejam formados à sua imagem, para deleitar-se em sua bondade por ele ser Pai deles. Como seu Pai, eles compartilharão seu anseio de reconciliar os pecadores e torná-los filhos de Deus.

Os filhos de Deus mostrarão a outros a bondade e paciência dele. Recordarão como estavam envenenados por paixões antes de ser curados por seu Pai. Recordarão como se tornaram filhos de Deus somente por meio da graça. Se o Senhor não os tivesse ajudado, a alma deles teria vivido no inferno. De igual modo, os filhos de Deus devem amar seus inimigos, fazer o bem aos que os odeiam e orar por seus perseguidores. Assim os filhos de Deus serão semelhantes a Deus e reconhecidos como filhos dele.

Como pode um fraco e frágil ser humano assemelhar-se a Deus? Somente pela imitação dele, pela manifestação de um amor tranquilo por todas as pessoas.

João Cassiano, *Conferências*, parte 2, conferência 11, (abade Queremão), cap. 9

Vocês, filhos, louvem o Senhor; louvem o nome do Senhor. Nós te louvamos, nós entoamos hinos a ti, nós te bendizemos por tua imensa glória, ó Senhor, nosso Rei, o Pai de Cristo, o Cordeiro imaculado que tira o pecado do mundo. Amém.

"Orações diárias", em *Constituições dos santos apóstolos*, livro 7, seção 5.48

PARA REFLETIR: Sl 16.9-11; Mt 5.1-16,38-48; 6.5-13; 18.10-14,21-25; Lc 12.47; Rm 8.5-11; Gl 3.26-29; Cl 2.13; 1Jo 1.8,10; 3.1-3,9-10; 4.17; 5.18

Quando o cristão adquire o amor a Deus, quando ele busca ser formado pela santidade de Deus, ele será dotado com o coração compassivo do Senhor. Ele orará por aqueles que o perseguem, como fez Jesus na cruz: "Pai, perdoa-lhes, pois não sabem o que fazem".

Quando o cristão não se predispõe a mostrar compaixão pelos pecados de outros, esse é um sinal claro de que ele ainda não foi purificado da contaminação do pecado. Se o cristão insiste em manter a disposição de um juiz severo, como pode esperar obter a santidade cristã? Falta-lhe exatamente aquilo que o apóstolo disse que temos de praticar se esperamos fazer a vontade de Deus: "Ajudem a levar os fardos uns dos outros e obedeçam, desse modo, à lei de Cristo". Se uma pessoa não tem a virtude do amor que é bondoso, não invejoso, não presunçoso, não arrogante ou rude, como pode afirmar que é formada à imagem do Pai?

João Cassiano, *Conferências*, parte 2, conferência 11, (abade Queremão), cap. 10

Senhor, faz de nós instrumentos da tua paz. Onde há ódio, semeemos amor; onde ofensa, perdão; onde discórdia, união; onde dúvida, fé; onde desespero, esperança; onde trevas, luz; onde tristeza, alegria. Concede-nos que busquemos mais consolar que ser consolados; compreender mais que compreendidos; amar mais que amados. Pois é dando que recebemos; é perdoando que somos perdoados; e é morrendo que nascemos para a vida eterna. Amém.

"Oração atribuída a São Francisco", Orações e ações de graça, LOC

PARA REFLETIR: Sl 116.16-17; Pv 12.10; 13.17; Ml 1.6; Mt 5.43-48; Lc 6.27-36; 12.47; 18; **23.34**; 1Co 13.4-7; **Gl 6.2**; 1Pe 1.8; 1Jo 1.8-10; 3.9; 4.17; 5.16-18

VICENTE DE LÉRINS

Desde o início houve inúmeras oportunidades para que a límpida corrente da fé cristã fosse desviada para trechos rasos que a prenderiam em charcos infestados de insetos, limo e algas. Cada potencial desvio se apresentou como a direção certa para a fé. Como pode a igreja distinguir entre a "fé confiada ao povo santo" (Jd 1.3) e as intermináveis perversões da "graça de Deus" (v. 4)?

Essa questão foi tratada e diretamente respondida por um monge do século 5 do mosteiro de Lérins, situado numa ilha a um quilômetro e meio do litoral da cidade de Cannes, na Riviera francesa. Ele escreveu sob o pseudônimo de Peregrinus. Em 434 d.C., Vicente de Lérins († c. 445) formulou nossa pergunta e lhe deu resposta em *Comonitório* (carta instrutiva).

O *Comonitório* contém 33 capítulos. Foi escrito para ajudar a manter a crença de Vicente alinhada com os ensinamentos dos pais da igreja. Ele observou que o erro doutrinal de um mestre é a "provação do povo", uma provação que se torna mais perigosa em proporção direta com a erudição do mestre (cap. 17, seção 42). Um segundo *Comonitório* foi escrito, mas nós não dispomos dele.

Euquério († c. 449 d.C.), bispo de Lyon, descreveu Vicente como uma pessoa santa que era notável por sua eloquência e conhecimento. A norma de Vicente para distinguir entre a verdadeira e a falsa doutrina acabou se integrando ao vocabulário padrão da igreja.

Pedi a muitas pessoas santas e eruditas um padrão universal para distinguir entre a verdadeira fé cristã e o erro doutrinal. Quase todas as respostas foram que quem quiser manter-se firme na fé e identificar falsos mestres pode, com a ajuda de Deus, fortificar sua fé. Primeiro, teste-se toda doutrina à luz da autoridade das Escrituras. Segundo, teste-se o que é ensinado em comparação com a herança doutrinal da igreja.

Mas, se as Escrituras são um padrão completo e suficiente para a doutrina cristã, por que apelar para a tradição doutrinal da igreja? Porque, dada a profundidade e diversidade das Escrituras, elas são interpretadas de muitas maneiras diferentes e parecem admitir tantas interpretações quantos são os intérpretes. Falsos mestres sempre apelam para a Bíblia. Portanto, dado o grande número de interpretações e heresias, a regra para um entendimento correto das Escrituras e para a definição da verdadeira doutrina cristã depende da tradição da igreja tal qual ela se encontra nos credos e concílios gerais.

Disso resulta a seguinte regra: somente a fé que a igreja no decurso de sua história declarou em toda parte, sempre e por todos deve ser recebida como verdadeira universalidade, antiguidade e consenso comum. Essa é a fé "católica". Nós observamos a universalidade se acreditamos somente no que a igreja no mundo inteiro confessa; a antiguidade se abraçamos os ensinamentos dos apóstolos e dos pais da igreja; e o consenso se aceitamos somente os credos e concílios que a igreja afirma.

Vicente de Lérins, Comonitório, cap. 2, seções 4-6

Abençoando os que te abençoam, ó Senhor, e santificando os que em ti confiam, salva o teu povo e preserva a plenitude da tua igreja. Amém.
João Crisóstomo, em *A divina liturgia de São João Crisóstomo,*
The Ortodox Christian Page

PARA REFLETIR: Mt 7.15-23; Jo 8.48-59; 16.13-14; Gl 1.6-10; Ef 4.1-5; Fp 2.5-11; Cl 1.15-23; 1Tm 1.3-5; 6.20; 2Tm 4.1-5; 1Jo 4.1-6

Desordeiros levando suas interesseiras distorções do evangelho foram até a região da Galácia. Quando os cristãos de lá ouviram os falsos mestres vomitando erros, muitos engoliram aquele lixo sem nada questionar. Paulo exerceu seu ofício apostólico com rigor e disse aos desgarrados gálatas: "Que seja amaldiçoado qualquer um, incluindo nós, ou mesmo um anjo do céu, que anunciar um evangelho diferente do que nós lhes anunciamos". Por que Paulo disse "nós" em vez de "a mim"? Porque ele quis dizer que ainda que quaisquer outros apóstolos viessem a pregar um evangelho diferente daquele que eles tinham recebido de Cristo, eles deveriam ser amaldiçoados. Para preservar intacta a fé outrora transmitida a eles, Paulo não poupa ninguém, e ele não se restringe aos apóstolos: "Que seja amaldiçoado qualquer um, mesmo um anjo do céu". Essa é a inviolabilidade do evangelho. Que todo aquele que subverte a fé de uma das ovelhas do Senhor seja prontamente excluído, para que a enfermidade mortal não afete a todos.

A pregação de uma fé distorcida era fraudulenta no passado, e será fraudulenta no futuro. Proteger a igreja mediante a exclusão dos que pregam algo que diverge do evangelho puro, essa é a responsabilidade inflexível da igreja. Hoje, Paulo clama alto e bom som: "Se alguém pregar qualquer doutrina nova, que seja amaldiçoado!".

Vicente de Lérins, Comonitório, cap. 8, seções 21-23;
cap. 9, seções 25-26

Eu amo o teu reino, Senhor,
A casa da tua morada,
A igreja que com o sangue
Do Redentor foi comprada.

Timothy Dwight (1752–1817), Hinário

PARA REFLETIR: Mt 7.15-23; 1Co 1.18-31; 2Co 4.1-18; 5.11-21; 12.2; **Gl 1.6-10**; 5.16; Ap 22.10-17

Sempre existe o perigo de pensarmos que a Palavra de Deus só assumiu a natureza humana em aparência, e não como verdadeiro ser humano. Não devemos pensar em Cristo como um ator que veste uma máscara e desempenha o papel de outra pessoa. O ator desempenha o papel de um sacerdote ou de um rei, mas não é de fato um verdadeiro sacerdote ou rei. A peça termina; a personagem representada pelo ator deixa de existir; o ator retoma seu "eu" anterior.

Não é isso que a encarnação significa. Jamais aceitemos essa falsa representação. O Senhor não é um ator. Na realidade, a Palavra de Deus assumiu para si nossa plena humanidade. Viveu uma vida humana, não apenas imitando os seres humanos, mas como o verdadeiro Jesus de Nazaré com seu corpo e sangue. Tendo-se tornado humano como nós, Jesus falava, agia e sofria, mas sem pôr em risco sua divindade.

Excluídas sejam todas as noções de que nosso Senhor não pode identificar-se plenamente conosco! Rejubilemo-nos pelo fato de que, embora permanecendo plenamente Deus, Cristo assumiu para si tudo o que significa ser um ser humano. E depois de sua paixão ele não "escapou" como faz o ator depois do fim da peça. Não, como nosso Mediador no céu ele permanentemente carrega a sua humanidade e a nossa.

VICENTE DE LÉRINS, COMONITÓRIO, CAP. 14, SEÇÕES 38-39

Ó Deus,
A mim para sempre eu vinculo neste dia,
Pelo poder da fé, a encarnação de Cristo.

PATRÍCIO (C. 387–463 D.C.), DA TRAD. DE
CECIL F. ALEXANDER (1889), HINÁRIO

PARA REFLETIR: Is 51.1-2; Mt 1.18-23; 4.2; 26.23-46; Lc 2.1-40; 23.26-56; Jo 1.1-14; 4.6; Fp 2.5-11; Hb 5.7-10; 1Jo 1.1-4; 2Jo 1.7-11

O verdadeiro e genuíno cristão católico é aquele que ama a verdade de Deus, ama o corpo de Cristo, valoriza a fé cristã acima de todas as autoridades terrenas e acima do favor, do brilho, da eloquência e da filosofia de qualquer ser humano. Ele atribui relativamente pouca importância a qualquer dessas coisas e continua firmemente fundado na fé. Decide acreditar somente naquilo que sabe com plena certeza que a crença católica defende universalmente e desde a antiguidade.

Qualquer doutrina nova nunca antes mencionada que ele descobre ter sido fraudulentamente introduzida será julgada como uma oposição à verdadeira fé cristã. Qualquer coisa que vá de encontro àquilo que os apóstolos, os pais da igreja e os santos acreditaram será vista como nada mais que uma prova da fidelidade da igreja a Cristo. O verdadeiro cristão católico será instruído pelo apóstolo Paulo: "Pois é necessário haver divisões entre vocês para que se reconheçam os que são aprovados". É como se Paulo tivesse dito: "É por este motivo que heresias devem surgir na igreja: pela erradicação dos erros, aqueles que são fiéis serão revelados". Nossa tenacidade e fidelidade manifestarão nosso amor permanente pela fé cristã.

Vicente de Lérins, Comonitório, cap. 20, seção 48

Nós oramos e te suplicamos, ó tu que amas todas as pessoas, ó bom Senhor; lembra-te em tua misericordiosa bondade de tua igreja espalhada pelo mundo e de todo o teu povo. Concede-nos a paz no céu; concede-nos também a paz nesta vida. Que nós sejamos teus, ó Senhor; pois não conhecemos nenhum outro Deus que não sejas tu, e não mencionamos nenhum outro nome que não seja o teu. Dá-nos vida e não permitas que nenhum pecado mortal prevaleça contra nós. Pois tu és o Único que abençoa e santifica todas as coisas. A ti nós atribuímos glória e ação de graças. Amém.

A divina liturgia do santo apóstolo e evangelista Marcos
(antes de 200 d.C.)

PARA REFLETIR: Jo 17.6-26; **1Co 11.17-22**; Ef 4.1—5.21; Ap 2.1—3.22

Cada vez que surge na igreja um novo e falso ensinamento, ele oferece uma oportunidade para distinguir entre o que é trigo e o que é palha. A palha não tem peso para manter-se no chão da debulha. É logo levada embora pelo vento.

Até mesmo parte do trigo é duramente dispersada na ventania. Há hereges que são assim. Embora creiam em muitas coisas que a igreja ensina, adotam noções que não são nada mais que palha. Ó condição infeliz! Afundados no erro, eles têm medo de perecer. Feridos e parcialmente vivos, têm vergonha de voltar atrás. Ingeriram mais veneno do que conseguem regurgitar, mas não o suficiente para levá-los à morte.

São de dois tipos. O primeiro tipo é lançado para onde sopra o vento, pois adota doutrinas instáveis. Um segundo tipo sopra de volta contra si mesmo como ondas refluindo. Amedrontados pela doutrina verdadeira e contaminados pela dúvida, não sabem para que lado se virar, o que manter e o que descartar.

Atracados fora do porto seguro de fé bíblica e apostólica, esses barcos abalados pela tempestade foram quase destruídos. Despregaram suas velas contra as perniciosas rajadas da novidade doutrinal. Todavia, Deus em sua compaixão providenciou remédio para lhes curar as aflições, caso eles retornem ao seguro e tranquilo porto, o corpo de Cristo.

Vicente de Lérins, Comonitório, cap. 20, seções 49-50

Restaura-nos, ó Deus dos Exércitos, e faz resplandecer sobre nós o teu rosto, para que sejamos salvos. Pois para onde quer que se volte a alma humana, a não ser que se volte para ti, ela se fixa em tristezas, mesmo que se prenda a coisas belas que são transitórias. Amém.

Agostinho, bispo de Hipona, Confissões, livro 4, cap. 10,
seção 15

PARA REFLETIR: Mt 7.15-23; 13.24-35; Rm 14.1—15.13; 1Co 2.10-17; 12.12-31; Hb 6.19; 1Pe 1.3

A igreja é a zelosa e vigilante guardiã das doutrinas confiadas a seus cuidados. No fim da era do Novo Testamento, a doutrina cristã não havia atingido sua plena evolução. Depois disso, uma importante evolução doutrinal, coerente com o Novo Testamento, aconteceu no corpo da igreja de Cristo.

Em seres humanos, o conhecimento e a sabedoria em regra aumentam. Com o passar dos anos, o corpo e a mente se desenvolvem e chegam à maturidade. Mas, embora as estaturas e as aparências exteriores mudem, a identidade e a natureza essenciais permanecem. Na criança o adulto estava latente.

Tudo isso vale também para o crescimento da igreja. Se, em virtude do crescimento humano, uma pessoa devesse tornar-se outra criatura, o resultado seria uma distorção maior. O crescimento na doutrina cristã e no discipulado individual segue as mesmas leis do progresso que verificamos nos seres humanos. A igreja consolida as fundações iniciais de sua fé; essa fé é ampliada pelo tempo, refinada pela idade, e no entanto permanece pura, completa e equilibrada em todas as suas partes.

VICENTE DE LÉRINS, *COMONITÓRIO*, CAP. 23, SEÇÕES 54-59

Meu Senhor, eu não sei o que deveria te pedir;
Tu, só tu, conheces minhas necessidades.
Tu me amas mais do que eu sou capaz de te amar.
Ó Pai, concede a este teu servo tudo o que eu não sei pedir.
Uma cruz eu não ouso pedir, e nem consolação;
Só ouso permanecer em tua presença.
Meu coração está aberto para ti.
"ORAÇÃO DE FILARET, ARCEBISPO METROPOLITANO DE MOSCOU",
EM *ORAÇÕES ORTODOXAS*

PARA REFLETIR: Sl 92.12-14; Mt 13.31-35; Rm 15.13; 1Co 15.28; 2Co 9.6-11; Fp 1.3-11; 2Ts 1.1-12; 2Tm 3.19; 4.1-5; Tt 2.1,11-15; 2Pe 2.14-18

Que a igreja de Cristo e nós, seus filhos, sejamos sempre vigilantes guardiões das doutrinas confiadas a nossos cuidados. Que nunca mudemos nada nelas, nunca as depreciemos, nunca cortemos o que é essencial e nunca acrescentemos nada superficial. Lidando fiel e judiciosamente com a doutrina antiga, que a igreja mantenha um único objetivo em mente. Se a antiguidade deixou alguma coisa informe e rudimentar, ajustemo-la e deixemo-la polida. Se ela já a ajustou e poliu, reforcemo-la. Se alguma coisa já foi ratificada e definida, então protejamo-la zelosamente.

Em suas decisões os concílios gerais sempre buscaram expor mais claramente o que antes se acreditava por clara implicação. Eles sempre se esforçaram para tornar nosso testemunho cristão mais articulado. O que antes pode ter sido pregado em essência deve agora ser pregado e praticado com convicção ainda mais clara e atenção mais diligente. Foi isso que a igreja "católica", alarmada pelas novidades dos hereges, realizou nos concílios gerais. Em seus credos e escritos a igreja nos legou apenas o que foi recebido dos apóstolos e dos pais. Muitas vezes, um antigo artigo de fé recebeu uma formulação melhor para designar aquilo em que sempre se acreditou.

Vicente de Lérins, *Comonitório*, cap. 23, seções 54-59

Deus eterno, cuja vontade é que todos se acheguem a ti por meio de teu Filho Jesus Cristo, inspira nosso testemunho dele, para que todos conheçam o poder de seu perdão e a esperança de sua ressurreição; àquele que vive e reina contigo e com o Espírito Santo, um só Deus, agora e para sempre. Amém.

"Pela missão da Igreja", Orações e ações de graça, LOC

PARA REFLETIR: Jo 8.12-30; At 15.35; 1Co 1.18—2.16; Cl 1.15-23; 1Jo 4.1-6

LEÃO MAGNO

Se esperamos que Deus dê à igreja líderes à altura de sua época, não precisamos ir além de Leão Magno (papa Leão I, c. 400––461 d.C.) para termos uma prova disso. Ao lado de Gregório Magno, o desempenho papal de Leão é o mais significativo da igreja antiga. Ele consolidou a primazia do bispo de Roma em toda a igreja. Usou seu cargo para assegurar a ortodoxia e, nem sempre com benevolência, para estabelecer a ordem. Sua magnitude foi tal que ele é um dos dois papas que receberam o epíteto de "Magno". Foi o primeiro grande papa que falava latim e o primeiro grande teólogo italiano. Apesar das crises teológicas e sociais jogadas sobre seus ombros, conseguiu produzir um rico conjunto de orientações pastorais e espirituais.

Não temos nenhuma informação sobre a família e a infância de Leão. Reza a tradição que ele nasceu numa cidade no norte da Etrúria (Itália central).

Em 440 d.C., Sisto III, que foi papa de 432 a 440, enviou Leão para intermediar as divergências entre dois generais. Durante essa missão, Sisto morreu. Rapidamente, o povo e o clero elegeram Leão para sucedê-lo. Leão ocupou o cargo durante um período de erros teológicos e erosão social. O império e o paganismo chegavam ao fim. A ele coube não somente arcar com a pesada responsabilidade eclesiástica, mas teve também de desempenhar o papel de governador e mediador. Supervisionou a distribuição de trigo e reorganizou o departamento dos bombeiros de Roma. Quando Átila, o rei dos hunos, invadiu a Itália (542 d.C.), Leão o convenceu a retirar-se. E quando Genserico, o Vândalo, saqueou Roma, Leão evitou a completa destruição da cidade.

Leão teve papel significativo no combate contra o pelagianismo e o maniqueísmo, que negavam que o Pai de Cristo é também Criador. Talvez a mais importante batalha teológica foi a que travou contra Eutiques, que negava que o Cristo encarnado tinha duas naturezas completas — a divina e a humana — numa única pessoa indivisível. Em sua obra *Tomo* (449 d.C.), Leão afirmou as duas naturezas completas e preparou o palco para o Concílio de Calcedônia (451 d.C.), no qual sua posição foi amplamente adotada. "Na total e perfeita natureza de verdadeiro homem nasceu o verdadeiro Deus, completo no que era seu, completo no que era nosso" (*Cartas*, carta 28, seção 3).

Purificados de superstições perversas, e seguindo a tradição dos apóstolos, os pais da igreja se dedicaram a obras de misericórdia. O valor sagrado do seu exemplo verificou-se no passado e deve moldar o presente e o futuro. Eles atenderam os pobres, cuidaram dos vulneráveis e fizeram pelos outros o que gostariam que os outros fizessem por eles. Os pais não só sabiam que nossas riquezas espirituais são dádivas de Deus, mas também sabiam que nossos bens materiais provêm de sua generosidade. Além de nos dar posses materiais, Deus nos fez administradores temporais delas. Portanto, é mais que justo que ele exija de nós uma prestação de contas. Devemos usar os dons de Deus com sabedoria. E também devemos nos dedicar a obras de misericórdia.

A riqueza pode ser uma grande vantagem para a sociedade nas mãos dos benévolos e generosos. Por essa razão, os ricos não devem esbanjar o que Deus lhes Deus, nem os avaros devem armazenar riquezas. Não importa se o que Deus nos deu é gasto à toa ou armazenado por egoísmo; trata-se igualmente de desperdício.

LEÃO MAGNO, "SOBRE AS COLETAS, V", *SERMÕES*, SERMÃO 10, SEÇÃO 1

Senhor Jesus Cristo, nós, recebedores de tua redenção, te nomeamos nosso misericordioso Senhor, nosso grande Rei, nosso bom Pastor, nosso Mestre da verdade, nosso propício Auxílio, nosso vivo Pão, nosso eterno Sacerdote, nossa verdadeira Luz, nosso reto Caminho, nossa Sabedoria e Iluminação, nossa Reconciliação, nossa segura Proteção, nossa eterna Salvação, nossa imensa Compaixão, nossa inflexível Esperança, nosso perfeito Amor, nossa santa Ressureição e nossa Vida eterna. Tendo em mente todos os teus benefícios, nós te damos graças; nós louvamos e adoramos a ti, que com o Pai e o Espírito és um só Deus eternamente bondoso. Amém.

ANSELMO, ARCEBISPO DE CANTUÁRIA, *LIVRO DE MEDITAÇÕES E ORAÇÕES*, MEDITAÇÃO 18, SEÇÃO 90

PARA REFLETIR: Lc 12.35-38,42; 16.1-8; 1Co 12.4-11; Ef 4.7-13; 1Tm 6.17-19; Tg 1.16-18; 1Pe 4.7-11

Algumas pessoas abastadas podem dizer que, embora não atendam generosamente os pobres, elas praticam muitas outras obras de justiça, e assim certamente serão desculpadas por sua falta de generosidade. Estão erradas. Embora muitas outras obras de justiça sejam praticadas, sem a prova de misericórdia para com os desvalidos, nada mais conta. Mesmo que alguém seja repleto de fé, seja sexualmente puro e sóbrio, sem misericórdia essa pessoa não pode esperar receber a misericórdia de Deus.

Quando o Filho do Homem vier em sua majestade e se sentar no glorioso trono, quando as nações estiverem reunidas diante dele, e ele separar os justos dos injustos, por que motivo os justos serão louvados a não ser pelas obras de benevolência e os atos de caridade? Cristo creditará essas coisas como tendo sido feitas à sua pessoa. Quando a encarnação de Cristo fez sua a natureza humana, ele se associou à humildade humana, não à riqueza humana. No dia do juízo, por que motivo será o injusto julgado a não ser por sua falta de caridade, por sua recusa a mostrar compaixão pelos pobres? Pela prova de magnânima liberalidade, Cristo aceitará que muitos entrem no reino de Deus, ao passo que muitos, por sua ímpia insensibilidade, serão por ele condenados à punição eterna.

LEÃO MAGNO, "SOBRE AS COLETAS, V", *SERMÕES*, SERMÃO 10, SEÇÃO 3

Senhor Jesus Cristo, tu que procuras os que se extraviam e os acolhes quando eles retornam, ajuda-me a aproximar-me de ti ouvindo com frequência tua Palavra, a fim de eu não pecar contra meu próximo pela cegueira do julgamento humano, pela rigidez da falsa justiça, por julgá-lo indigno de tua graça e por eu confiar pecaminosamente em minha justiça, ou por ignorar a sabedoria divina. Amém.

"ORAÇÃO DE SÃO ALBERTO MAGNO SOBRE A CONSCIÊNCIA",
A BLOG FOR DALLAS AREA CATHOLICS

PARA REFLETIR: Mt 5.7; 7.21-23; 25.31-46; Lc 16.19-31; Rm 15.7-9; Tg 2.1-13; 5.1-6

Se nós compreendermos bem a criação, entenderemos que os seres humanos foram feitos à imagem de Deus com o propósito de imitá-lo. Veremos que atingimos nossa mais alta dignidade quando a bondade divina se reflete em nós. Para esse fim, a graça do Salvador nos restaura diariamente. Aquilo que decaiu no primeiro Adão está agora sendo reerguido no segundo Adão. A misericórdia de Deus é a causa dessa grande restauração. Nunca teríamos amado a Deus se ele não nos tivesse amado primeiro e dispersado nossas trevas. O Senhor predisse isso em Isaías: "Conduzirei este povo cego por um novo caminho. Transformarei em luz a escuridão diante dele e tornarei planos os trechos acidentados".

Por meio do amor, Deus cria em nós a imagem de sua bondade e nos dá tudo o que nos é necessário para manifestar essa bondade. Ele acende as lâmpadas em nossa mente e nos inflama com o fogo de seu amor, de modo que possamos não apenas amar a Deus, mas também tudo o que ele ama. Se entre os seres humanos pode existir uma amizade duradoura baseada na semelhança natural, nós não devemos discordar de nada que seja do agrado de Deus.

Leão Magno, "Sobre o jejum do décimo mês, I", Sermões,
sermão 12, seção 1

Ó Soberano Senhor, tu que escolheste a lâmpada dos doze apóstolos e os enviaste para pregar o evangelho do teu reino no mundo todo e para curar as doenças e fraquezas no seio da humanidade, purifica nossa vida e limpa nosso coração de toda poluição e fraqueza, a fim de que puros de coração e consciência sejamos para ti um sabor agradável, por meio da graça, misericórdia e amor de teu Filho unigênito. Amém.

A divina liturgia do santo apóstolo e evangelista Marcos

(antes de 200 d.C.)

PARA REFLETIR: Sl 30.5; **Is 42.16;** 65.1; Jo 10.1-18; 14.15-27; Rm 5.12-21; 1Pe 1.13-25; 1Jo 4.7-10,19; 5.18-20

90

Como filhos de Deus, revistamo-nos do amor que não se esvaece de nosso Autor e Soberano. Sujeitemo-nos completamente a ele em cujas obras e julgamentos a verdadeira justiça e cordial compaixão nunca faltam. Isso é amor aperfeiçoado.

Por mais piedosos que sejamos, o amor não pode ser aperfeiçoado em nós se não amarmos nosso próximo. Mas quem é meu próximo? Não são apenas os que estão ligados a mim por amizade ou vizinhança, mas absolutamente todas as pessoas com quem compartilho a natureza humana. Pois o único Criador nos moldou a todos. Todos nós desfrutamos do mesmo céu e do mesmo ar, dos mesmos dias e das mesmas noites, e embora uns sejam bons e outros maus, alguns justos e outros injustos, Deus é bondoso para todos. A graça cristã nos deu muitos motivos para amar nosso próximo, pois ela não exclui ninguém e com isso nos ensina a ninguém desprezar. Ninguém deve ser esquecido.

Diariamente o Senhor vai enxertando rebentos da oliveira selvagem provenientes de todas as nações nos santos ramos de sua própria oliveira. Diariamente sua graça transforma inimigos em filhas e filhos reconciliados, estranhos em filhas e filhos adotivos, e justifica os ímpios.

Leão Magno, "Sobre o jejum do décimo mês, I", *Sermões*,
sermão 12, seção 2

Senhor amado, tu que vieste para nosso meio a fim de buscar e salvar os perdidos e libertar os cativos, ajuda-nos a ampliar nossos horizontes, a abrir espaço para os estranhos, a cuidar dos que se sentem invisíveis, a dar atenção aos estrangeiros, a conversar com os que se sentem isolados e a restaurar a justiça e a estima. Dá-nos coragem e determinação para nos unirmos a outros na visão da graça em cada rosto humano, e dá-nos fé para abraçar essa oportunidade em teu nome. Amém.

PARA REFLETIR: Pv 24.17; 25.21; Mt 5.7,39-41,43-38; 6.12; 22.37-39; At 14.16-17; Rm 11.11-24; 12.14; Fp 2.10-11

Todos os vícios que obstruem nossa adoração a Deus, tudo o que a ganância persegue, que o orgulho ambiciona e a luxúria ardentemente deseja, tudo é destruído pela virtude do autodomínio. O jejum visa incrementar essa virtude. Mas devemos nos lembrar de que o jejum é uma disciplina espiritual bem como física. Implica muito mais que a abstenção de certos alimentos. Todos os desejos pecaminosos devem ser purificados. É vão o esforço de restringir o alimento se não evitamos os pensamentos pecaminosos. Um jejum que nos permite persistir em desejos pecaminosos, que danificam mais que prazeres físicos, nada mais é que um exercício corporal vazio. Que proveito aufere a alma controlando a pessoa exterior, se interiormente for cativa e escrava? Qual é o lucro para o espírito se nós determinamos o comportamento de nossos membros, mas renunciamos à liberdade da alma?

Portanto, quando o corpo se abstém da comida, que o espírito se abstenha dos vícios e avalie todas as preocupações e desejos terrenos segundo a lei de seu Rei.

Leão Magno, "Sobre o jejum do décimo mês, VIII",
Sermões, sermão 19, seção 2

Ó Deus trino, Pai, Filho e Espírito Santo, ilumina-me com tua fé salvadora; alegra-me e fortalece-me com tua esperança jubilosa e infalível; vivifica-me com teu amor poderoso e santíssimo. Subjuga-me e humilha-me, e guarda-me com teu temor mais forte e mais santo. Enche-me de saudável pudor proveniente de teu todo-adorável e todo-glorioso Ser em relação a qualquer coisa considerada oposta à tua vontade. Que eu não deixe a presença de tua misericórdia vazio e confuso, mas como quem obteve, pela graça e a fé, as dádivas de tua salvação. Toda glória seja ao Pai, ao Filho e ao Espírito Santo. Amém.

Anselmo, arcebispo de Cantuária, *Livro de meditações e*
orações, meditação 8, seção 36

PARA REFLETIR: Sl 19.1-2; 1Co 9.15-18; Gl 5.16-26; Fp 4.5; Cl 3.5; 1Ts 5.6-8; 1Tm 6.11-16

Hoje nosso Salvador nasceu: rejubilemo-nos! Não há lugar para tristezas quando se celebra o dia do nascimento daquela Vida que destrói o medo da morte e traz a alegria da eternidade prometida. Que se alegre o santo por estar agora perto da vitória. Que se alegre o pecador por receber a oferta do perdão. O Filho de Deus, na plenitude do tempo estabelecido pela Trindade, assumiu nossa natureza para nos reconciliar com o Autor dela. Ele assim fez para que o autor da morte, o diabo, fosse vencido mediante a própria natureza que ele havia conquistado. O Senhor Todo-poderoso entra na luta, não na forma de sua própria exaltada majestade, mas na forma de nossa humildade, nossa mortalidade.

A Palavra de Deus assumiu nossa humildade sem diminuir sua divindade. Juntou as duas naturezas numa união em que a inferior não foi destruída em sua exaltação e a superior não foi posta em risco por sua humildade. A majestade assumiu a humildade, a força assumiu a fraqueza, e a eternidade assumiu a mortalidade. Para eliminar nosso pecado, o verdadeiro Deus e o verdadeiro homem se uniram a fim de formar um único Senhor, um único Mediador entre Deus e o homem.

Leão Magno, "Sobre a festa da Natividade, I",
Sermões, sermão 21, seções 1-2

Ó Senhor Jesus Cristo, permite-me contemplar tua inefável misericórdia e divulgar tua bondade para conosco. Tu deixaste o seio do Pai para nascer de uma virgem. Sofreste na cruz para restaurar o que nós tínhamos acabado de perder. Recria, eu te suplico, o que outrora criaste, e destrói tudo o que fiz contrariando tua vontade. Destrói em mim tudo o que é simplesmente meu, tudo o que tu não criaste, e recria tudo o que tu fizeste. Amém.

Anselmo, arcebispo de Cantuária, *Livro de meditações e orações*, meditação 6, seção 29

PARA REFLETIR: Jó 19.4; Lc 1.46-55; 2.1-40; Jo 1.1-3; Fp 2.5-11; Hb 4.14—5.3; 9.11-28

Em Cristo, a amorosa bondade de Deus se manifestou: todas as riquezas da bondade divina foram derramadas sobre nós. Nosso chamado para a vida eterna beneficiou-se dos exemplos dos santos do Antigo Testamento, e, da maneira mais importante, do aparecimento físico da própria Verdade. Portanto, estamos comprometidos a celebrar o dia do nascimento do Senhor sem que prazeres indolentes ou carnais se interponham. Este é um dia para lembrar refletidamente que, mediante um novo nascimento, nós somos membros do corpo de Cristo e estamos unidos a Cristo, que é nossa Cabeça. Examinemo-nos e certifiquemo-nos de que não somos membros mal ajustados a esse corpo, para não perdermos a coerência com o resto da santa construção.

Pela iluminação do Espírito Santo, consideremos ponderadamente quem foi que nos recebeu para fazermos parte de si e quem veio até nós na encarnação. Ao mesmo tempo que nos recomenda o modelo de sua bondade e humildade, Cristo nos enche com o poder pelo qual nos redime. Tomemos o jugo da Verdade como nosso norteador. Imitemos a humildade do Senhor a cuja glória estamos sendo conformados: ele nos guiará para suas promessas. Na medida de sua grande misericórdia, ele tem o poder de nos perdoar e de aperfeiçoar em nós suas dádivas.

Leão Magno, "Sobre a festa da Natividade, III",
Sermões, sermão 23, seção 5

Ó Deus, tu que nos alegras com a celebração anual do nascimento do teu Filho Jesus Cristo, concede que nós, que com júbilo o recebemos como nosso Redentor, com firme confiança o contemplemos quando ele vier para ser nosso Juiz; ele que vive e reina contigo e com o Espírito Santo, um só Deus, agora e para sempre. Amém.

"Natividade de Nosso Senhor: dia de Natal", Coletas: contemporâneas, LOC

PARA REFLETIR: Mt 1.18-25; 11.28-30; Rm 11.32; 12.11-31; 1Co 6.20; 12.27; 2Co 1.18-22; Ef 2.4-5; 5.22-23; 1Tm 1.12-17

À medida que a luz desta abençoada manhã de Natal começa a derramar seus raios sobre a criação, esparrama-se sobre nossos sentidos o esplendor do estupendo mistério da encarnação. O nascimento de nosso Senhor e Salvador pela virgem Maria se impõe aos nossos pensamentos quando meditamos sobre coisas divinas. Nós reconhecemos o Deus nosso Criador. Quer estejamos nos entregando aos gemidos da súplica, cantando louvores a Deus ou oferecendo sacrifícios espirituais, nenhum pensamento deveria ser mais frequente que o fato de que o Filho de Deus, embora eternamente gerado do Pai coeterno, encarnou-se por meio do nascimento humano.

Neste dia, como foi maravilhosamente prometido a Maria, o Criador do mundo nasceu do ventre da virgem. Aquele que criou o mundo tornou-se filho daquela que foi criada por ele. Hoje a Palavra de Deus apareceu revestida de carne, e aquilo que nunca tinha sido visível aos olhos humanos passou a ser tangível para nossas mãos. Hoje os pastores aprenderam das vozes dos anjos que o Salvador nasceu na substância de nossa humanidade. Hoje a essência da mensagem do evangelho foi anunciada no hino angélico. Agora nós também podemos cantar com a multidão celestial: "Glória a Deus nas maiores alturas, e paz na terra entre os homens, a quem ele quer bem" [RA].

LEÃO MAGNO, "SOBRE A FESTA DA NATIVIDADE, VI",
SERMÕES, SERMÃO 26, SEÇÃO I

Deus Todo-poderoso, tu deste teu Filho unigênito para que ele assumisse sobre si nossa natureza e nascesse de uma virgem pura; concede que nós, renascidos e feitos teus filhos por adoção e graça, sejamos renovados diariamente por teu Espírito Santo; por meio de Jesus Cristo, nosso Senhor, a quem, juntamente contigo e o mesmo Espírito, sejam a honra e a glória, agora e para sempre. Amém.

"NATIVIDADE DE NOSSO SENHOR: DIA DE NATAL", COLETAS:
CONTEMPORÂNEAS, LOC

PARA REFLETIR: 2Rs 19.15; Jó 12.7-9; 26.7-13; 38.4-38; Sl 24.1-2; 33.6; 89.11; Lc 1.39-45; **2.8-20**; Jo 1.1-5; 11.32-37

Quanto mais fervorosos nos tornarmos no combate pela nossa salvação, tanto mais determinados serão os ataques do diabo e seus aliados. Mas lembrem-se sempre de que aquele que está em nós é mais forte que aquele que está contra nós. Por meio de Cristo nós nos tornamos poderosos; em sua força confiamos.

O Senhor aceitou ser testado para que nós pudéssemos aprender com seu exemplo e nos fortalecer com sua presença. Como Jesus derrotou o inimigo? Em sua humanidade, mas não simplesmente pela força humana. Ele se serviu diretamente das Escrituras, e com isso prestou grande honra à humanidade. Vencendo-o em sua humanidade, ele impôs ao diabo uma derrota maior do que por meio de sua divindade. Jesus venceu Satanás exatamente como nós podemos vencê-lo.

Não há demonstrações do poder de Deus, irmãos amados, sem provações e tentações. Não há nenhuma fé que não seja testada. Não há nenhuma competição se não há um adversário, nenhum conflito sem uma batalha. Se não quisermos ser ludibriados pelas ciladas e batalhas espirituais, devemos vigiar. Se não quisermos ser vencidos, devemos lutar. Salomão disse: "Meu filho, se você quiser servir a Deus, esteja pronto para ser posto à prova" [NTLH]. Se nós permitirmos que o tentador nos ataque quando estamos despreocupados, ele certamente nos derrotará.

Leão Magno, "Sobre a Quaresma, I", *Sermões*, sermão 39, seção 3

Ó Deus meu, que toda a minha transformação seja para ti. Concede-me o dom da perseverança. Que minha alma sempre anseie por tua glória, minha mente a ame, meus pensamentos se concentrem nela, toda afeição do meu coração por ela suspire e a minha língua fale dela. Que todo o meu ser seja mantido prisioneiro pelo amor já perfeito. Amém.

Anselmo, arcebispo de Cantuária, *Livro de meditações e orações*, meditação 20, seção 102

PARA REFLETIR: Eclesiástico 2.1 (deuterocanônico); Mt 4.1-11; 25.1-13; 26.36-47; Lc 4.1-13; 2Co 1.8-10; Gl 5.17; Ef 6.12, 14-17; **1Jo 4.4-5**

Então, irmãos amados, nós, que somos instruídos pelo Senhor, partamos para a guerra espiritual bem informados. O apóstolo Paulo claramente nos avisou que "não lutamos contra inimigos de carne e sangue, mas contra governantes e autoridades do mundo invisível, contra grandes poderes neste mundo de trevas e contra espíritos malignos nas esferas celestiais".

O Senhor nos preparou bem. Vejam com que armas poderosas, com que defesas inexpugnáveis nosso Comandante nos armou. Ele, o Estrategista da arte de guerra cristã, é famoso por suas numerosas vitórias. Ele cingiu-nos os flancos com o cinturão da verdade, vestiu-nos com a couraça da justiça e calçou-nos os pés com o evangelho da paz. Satanás rapidamente vencerá um soldado cristão desarmado. De fato, Satanás nos estimula a não nos prepararmos. Um cristão desprovido do calçado militar será facilmente envenenado pela serpente. Cristo nos deu o escudo da fé para proteção de todo o corpo; em nossa cabeça colocou o elmo da salvação; nossa mão direita recebeu uma espada, isto é, a palavra da verdade. O nosso Comandante nos armou de tal modo que nós não apenas sejamos protegidos contra ferimentos, mas também que possamos ferir o próprio Satanás.

LEÃO MAGNO, "SOBRE A QUARESMA, I", *SERMÕES*, SERMÃO 39, SEÇÃO 4

Glória à compaixão e à misericórdia e ao amor do Deus, que concedeu tanta honra e glória à humanidade, fez de nós filhos e filhas do Pai celestial e nos chamou de seus próprios irmãos e irmãs. A ele seja a glória para sempre. Amém.

MACÁRIO-SIMEÃO, *CINQUENTA HOMILIAS ESPIRITUAIS*, HOMILIA 19, SEÇÃO 8

PARA REFLETIR: Sl 91.1-16; 2Co 10.3-5; **Ef 6.10-20**; Hb 2.14; Tg 4.7; 1Pe 5.8; 1Jo 5.4-5

De bom grado assumindo a forma de servo, nosso Senhor, único no qual a natureza da humanidade morou sem pecado, obedientemente patrocinou nossa causa.

Carregando tochas e lanternas, os filhos das trevas tomaram de assalto a verdadeira Luz no Getsêmani. Mas as tochas e lanternas não conseguiram proporcionar a fuga da escuridão da descrença. Por isso os filhos das trevas não puderam reconhecer a Fonte da luz. Jesus foi preso, não porque eles tivessem poder sobre ele, mas porque ele se predispôs a ser preso e abduzido. Se ele não estivesse predisposto, nenhum mal teriam podido lhe fazer homens perversos. Todavia, se ele não estivesse predisposto, nossa salvação teria escapulido.

Ó inefável glória da paixão do Senhor, na cruz estão contidos os planos soberanos do Senhor, o julgamento do mundo e o poder do Crucificado! A cruz é a fonte de todas as bênçãos e a nascente de todas as graças. Por meio dela os crentes recebem força para sua fraqueza, glória em troca de sua vergonha, e vida em vez de morte. Pela oferta única de seu corpo e sangue, Cristo se tornou o verdadeiro "Cordeiro de Deus, que tira o pecado do mundo".

Leão Magno, "Sobre a Paixão, VIII: na quarta-feira da Semana Santa", Sermões, sermão 59, seções 1, 7

Ó Senhor, tu não te recusaste a ser coroado de espinhos, e no entanto nos preservas das feridas do pecado. Tendo sede, aceitaste o amargor do fel, e no entanto nos enches de eternos deleites. Tu provaste a morte, e no entanto dás a vida eterna aos mortos. A ti, Senhor, com o Pai e o Espírito, sejam a glória, o domínio e a autoridade. Amém.

Extraído de uma oração de Gregório Magno, "Oração de aclamação ao Cristo sofredor", Saints.SQPN.com

---

PARA REFLETIR: Is 65.2; Mt 12.22-32; **Jo 1.29-33**; 10.1-21; 17.1-5; 18.1-8; Ef 5.1-2; Hb 10.1-10,14,18

GREGÓRIO MAGNO

Como é que alguém consegue o epíteto de "Magno"? No caso do papa Gregório Magno (c. 540–604 d.C.), isso se deveu à destacada qualidade de sua liderança como servo de Deus em tempos que exigiram exatamente uma pessoa assim. A excelência que ele herdou de sua família foi oferecida sem reserva a Cristo e sua igreja.

Gregório nasceu em Roma de uma família senatorial. Quando tinha cerca de 33 anos de idade, foi nomeado pelo imperador Justino II (c. 520–578 d.C.) governador de Roma. Mas a vida monástica o atraía muito mais. Em vez de agarrar e tentar preservar o que havia herdado, um ano mais tarde Gregório empregou toda a sua riqueza para alimentar os pobres e criar mosteiros. Em seguida, entrou para o mosteiro de Santo André. Mas Gregório descobriu que era ativista demais para ser um bom monge, apesar de manter seu interesse na expansão e regulamentação da vida monástica.

Em 579 d.C., o papa Pelágio II, cujo cargo durou de 579 até 590, enviou Gregório para a corte de Constantinopla como embaixador. Cerca de sete anos mais tarde, ele voltou a Roma como abade de Santo André. Em 590, o monge Gregório foi escolhido papa; foi o primeiro monge a servir nessa função.

Durante seu papado, Gregório contribuiu de muitas maneiras que o conduziram à sua magnitude. A leitura de sua extensa orientação pastoral traz à tona a crescente estima por ele e por sua atuação. Embora não seja lembrado por nenhuma originalidade teológica, ele é certamente conhecido por sua fidelidade à fé apostólica. Apresentou Agostinho à Idade Média. Além disso, sua arrojada e visionária administração da igreja, numa época em que a influência do papado havia diminuído, ocupa um lugar entre as maiores na história. Além das incumbências postas sobre seus ombros de chefe espiritual da igreja, Gregório teve de organizar um exército para afastar a ameaça de uma invasão de Roma pelos lombardos. Administrou com eficiência terras pertencentes à igreja, não para encher os cofres eclesiásticos, mas para manter o ministério e o serviço religioso público e sustentar várias instituições de caridade.

Como papa missionário, Gregório foi estrategicamente instrumental na conversão da Inglaterra, bem como na condução de muitos arianos lombardos à fé ortodoxa. Ele é também lembrado por ter sido um grande pregador, por desenvolver os cantos gregorianos e por seus escritos que foram populares durante toda a Idade Média.

("Jó [...] era íntegro e correto, temia a Deus e se mantinha afastado do mal" [Jó 1.1].)

Sem dúvida, quem anseia pela nação eterna viverá sincera e honestamente. Será santo na prática e são na fé, sincero no bem que pratica no corpo e puro na pessoa interior. Alguns não são puros nas boas ações que praticam. Pelo contrário, não buscam a recompensa que enriquece o espírito, mas o favor e as recompensas de outros. Bem disse, portanto, um certo sábio: "Ai do pecador que segue dois caminhos", referindo-se a uma boa ação que supostamente pertence a Deus, mas que na realidade pertence à glória pessoal e ao mundo pecaminoso.

Jó "temia a Deus e se mantinha afastado do mal". Por temor, a igreja de Deus ingressa no caminho da humildade e justiça. Mas avança e completa a jornada no amor.

Quando se diz que Jó "temia a Deus", observa-se corretamente que ele também "se mantinha afastado do mal". O temor antecede. O amor segue. Quando isso acontece, o medo que ficou para trás é completamente espezinhado pelos santos desejos do coração.

Gregório Magno, Lições morais do livro de Jó,
vol. 1, parte 1, livro 1, seções 1-2, 34, 36-37

Ó Senhor, ensina ao meu coração onde e como te buscar. Venho como um mendigo ao Rico, um pecador ao Todo-misericordioso. Deixa-me entrar no recinto do teu coração. Pelo teu Espírito, que nos possibilita clamar: "Aba, Pai", ajuda-me a dizer: "Eu busco tua face; tua face, ó Senhor, buscarei". Amém.

Anselmo, arcebispo de Cantuária, Livro de meditações e
orações, meditação 21, seção 103

PARA MEDITAR: **Jó 1.1-3**; Sl 37.27; Ec 1.18; 2.12; Ct 2.2; **Eclesiástico 2.12 (deuterocanônico)**; Jr 2.5-12,20-22,26-30; Mt 10.16; **Rm 8.15**; 16.19; 1Co 14.20; Fp 2.15; Tg 1.22-25; 2Pe 2.7-8; Ap 2.13

As virtudes cristãs são incompletas se elas se apresentam desacompanhadas. A sabedoria, por exemplo, tem menos valor se lhe faltar a compreensão. Mas a compreensão é inútil se não se apoiar na sabedoria. Mesmo se a compreensão for capaz de desvendar grandes mistérios, se não se somar à sabedoria, está simplesmente fadada ao fracasso. Um conselho é inútil quando lhe falta constância. O que o conselho consegue distinguir examinando uma situação dos mais diversos ângulos não será executado se não houver constância. Mas a constância desaba se não for sustentada pelo conselho. Isso acontece porque, quanto maior for o poder que a constância diz possuir, tanto mais tristemente ela mergulha na ruína sem o governo da razão. Tomemos o conhecimento como outra ilustração. O conhecimento não é nada, a menos que sirva para a santidade, pois se não estiver atrelado à prática do bem ele se expõe a um juízo mais rigoroso. A piedade é inútil se lhe faltar discernimento, pois sem a luz do conhecimento ela não sabe como mostrar compaixão. Se à piedade não se juntarem outras virtudes, o temor aparecerá e a deixará paralisada.

Uma virtude é revigorada por outra. Elas se deleitam na companhia mútua, como se uma devesse preparar um banquete para as demais. Quando as virtudes convidam a fé, a esperança e o amor para as festas, haverá júbilo por todas as virtudes.

GREGÓRIO MAGNO, *Lições morais do Livro de Jó*,
VOL. I, PARTE I, LIVRO I, SEÇÕES 45-46

Eu espero em ti, ó meu Deus. Humildemente confio que tu perdoarás meus pecados pelo amor do teu amado Filho Jesus Cristo. Purifica minha alma pecaminosa no precioso sangue dele, e torna-me santo e conduz-me a salvo para a vida eterna. Amém.

"ATOS DE FÉ, ESPERANÇA E AMOR", UM BREVE SERVIÇO DE CONSOLAÇÃO E ESPERANÇA PARA COMUNGANTES ENFERMOS, EM *LIVRO DE OFÍCIOS* (1914)

PARA REFLETIR: Mt 5.6; 6.33; Lc 18.9-14; Jo 14.6; 17.7; 2Co 8.21; Gl 5.22-23; Ef 4.14-15; Fp 2.3-11; 1Ts 5.6-8

As Escrituras foram postas diante de nós como um espelho para revelar nosso eu interior. Descobrimos a beleza bem como a deformação que nos marcam. As Escrituras nos mostram o progresso que fizemos como discípulos de Cristo e nos ensinam como avançar. As Escrituras nos contam os feitos dos santos e estimulam o coração dos fracos a segui-los. Quando a Bíblia celebra a vitória dos santos, ela nos dá forças para enfrentar nossas próprias tentações. As lutas e vitórias do povo de Deus nos encorajam para não nos atemorizarmos diante de nossos conflitos. A Bíblia apresenta não apenas as qualidades excelentes dos santos, mas também suas provações e até seus fracassos. Em suas vitórias vemos exemplos que deveríamos seguir e bons motivos para ter esperança; em seus fracassos vemos a importância da cautelosa humildade e o que devemos temer e evitar.

Examinem as Escrituras e vejam como Jó se tornou mais forte por vencer a tentação; mas também como Davi foi humilhado por ceder a ela. Deixemos que Jó nos encha de alegria, e Davi nos mantenha humildes. Nunca seremos mutilados pelo temor e o desespero se haurirmos esperança e confiança das vitórias do povo de Deus.

Gregório Magno, Lições morais do livro de Jó,
VOL. I, PARTE I, LIVRO 2, SEÇÃO I

Ó Grande Pastor da Igreja, que nós todos sejamos salvaguardados por ti, para não nos alimentarmos numa pastagem envenenada e mortal. Guia-nos para longe dela, para que sejamos uma unidade em Cristo Jesus, nosso Senhor, agora e até nos alimentarmos na pastagem eterna. A ti sejam o poder e a glória para todo o sempre. Amém.

PARA REFLETIR: Lc 24.13-17; At 2.14-36; 8.26-35; 13.13-51; 1Pe 1.8

Há dois tipos de conversa problemática e censurável. O primeiro tipo recomenda o que é errado e deficiente. O segundo tipo está sempre procurando algum motivo para queixar-se do que é bom e correto. O primeiro tipo é jogado ao léu na corrente. O segundo tipo se coloca perto dos canais da verdade para bloqueá-la. O medo da verdade domina o primeiro; a arrogância eleva o segundo. Oferecendo aplauso, o primeiro tipo tenta conseguir boas graças. A raiva contenciosa norteia o segundo tipo. Ao receber uma ordem, o primeiro está disposto a rastejar; a oposição infla e impulsiona o segundo.

Quem se presta a conversas maldosas saqueia o território de justiça. A mente pode ser comparada a um lago elevado. Suas águas podem ser desperdiçadas por muitos riachos insignificantes que dele fluem. Palavras supérfluas que fogem dos confins do silêncio são como os muitos riachos que desperdiçam a água do lago.

O que, portanto, deveríamos fazer? A língua deve ser estritamente mantida sob controle. Mas isso não significa que ela deveria ser acorrentada pelo temor de que, quando solta, sempre causa prejuízo. Em vez disso, ela deve ser treinada para servir ao Senhor.

Gregório Magno, *Lições morais do livro de Jó,*
vol. i, parte 2, livro 7, seções 57-61

Ó Senhor, o aposento de minha alma é apertado demais; alarga-o para que tu possas entrar. Está em ruínas; reforma-o. Contém coisas que ofendem teus olhos; purifica-o. Eu confesso e sei que isso é verdade. A quem eu deveria recorrer, senão a ti? Senhor, purifica-me de minhas culpas secretas e poupa teu servo do poder do inimigo. Amém.

Agostinho, bispo de Hipona, *Confissões,* livro i,
cap. 5, seção 6

PARA REFLETIR: Sl 19.14; 140.11; 141.3; Pv 12.18; 15.3; 17.14; 18.4,21; 26.10; Mt 12.33-37; 15.18; Ef 4.29; Cl 3.5-11; Tg 1.19,26; 3.1-12

Cristo, nossa Cabeça, nos chamou para sermos seus membros, a fim de que, mediante o vínculo de amor e fé, ele pudesse fazer de nós um só corpo consigo. Portanto, é simplesmente razoável que nós lhe obedeçamos de todo o coração. Se ele não estiver trabalhando em nós, nada podemos fazer para lhe obedecer. Mas, por meio dele, podemos acatar seu chamado. Portanto, que nada nos separe da cidadela de nossa Cabeça, pois se negarmos o vínculo de amor e fé a nossos irmãos e irmãs, nós também ficaremos separados de Cristo. Secaremos como ramos cortados da videira. Portanto, para que sejamos considerados dignos de ser a habitação de nosso Redentor, permaneçamos em seu amor com sinceridade pura. Jesus nos disse: "Quem me ama faz o que eu ordeno. Meu Pai o amará, e nós viremos para morar nele".

Não podemos ficar perto do Autor de nossa salvação se não cortamos de nossa vida toda ganância, a raiz de todo mal. Obedecendo aos mandamentos do Senhor, vamos banir do templo de Cristo toda avareza, que consiste em adorar ídolos na igreja de Cristo. Não devemos permitir que entre no templo de Cristo nada que venha a prejudicá-lo e nada que seja desordenado.

Gregório Magno, Epístolas, livro 9, epístola 106

Ó Senhor, nosso Deus, cujo poder é incomparável, cuja glória é incompreensível, cuja misericórdia é imensurável e cujo amor por nós é inefável: pela ternura do teu coração, dirige-nos teu olhar, pois a ti pertence toda glória, honra e adoração, Pai, Filho e Espírito Santo, agora e para sempre, e pelos séculos dos séculos. Amém.

João Crisóstomo, em *A divina liturgia de São João Crisóstomo*,
The Ortodox Christian Page

PARA REFLETIR: Pv 3.9; 21.27; Mq 2.1-2; Mt 6.19-21; 16.24-27; 18.20; **Jo 14.23-31**; Rm 12.9-21; Ef 4.20—5.14

(Gregório Magno condenou persistentemente a simonia, a escandalosa prática de comprar e vender ofícios eclesiásticos. A paráfrase seguinte se aplica a todo serviço impuro no corpo de Cristo.)

Quando nosso Senhor e Redentor purificou o templo, ele virou as mesas dos vendedores de pombas. Que significa vender pombas no templo se não aspirar a um ofício na igreja por sórdidas e egoístas razões? Esse tipo de prática corresponde a tentar comprar e vender o Espírito Santo. Deveríamos nos encher de pesarosa aversão quando o lucro impuro acontece dentro da igreja. Isso revela o contágio do pecado.

Quem, em seu egoísmo, aspira a um ofício ou cargo na igreja o faz por avareza, não por amor ao corpo de Cristo. Visa somente os benefícios do cargo, não a glória de nosso Senhor. Quando alguém abocanha um cargo na igreja, só consegue com isso mostrar-se muito mais indigno. Que consegue tal pessoa em sua tentativa de alcançar um posto mais alto, se não decair ainda mais? Ela sobe exteriormente, mas interiormente afunda. Que predominem, então, os corações puros. Que o serviço no corpo de Cristo não resulte de comércio, mas da sabedoria e do chamado de Deus.

Gregório Magno, *Epístolas*, livro 9, epístola 106

Tu, Imagem do Deus invisível, o Primogênito de toda a criação, em teu Pai e pelo Espírito tu nos resgataste do domínio das trevas e nos trouxeste para o reino de Deus. Fixa nosso coração nas coisas do alto, e enche-nos com toda a sabedoria e entendimento espirituais. Pois a ti pertence toda glória, honra e adoração, ao Pai e ao Espírito Santo, agora e para sempre. Amém.

PARA REFLETIR: Dt 18.20-22; Sl 69.9; Pv 21.27; Jr 23.30-32; Mt 10.8; 21.33-46; Jo 2.12-17; 8.44; At 8.9-25; 1Tm 3.8-13

Quando Satanás não consegue invadir a alma cristã por métodos pecaminosos explícitos, ele passa a incitar os cristãos a praticar uma mostra superficial de piedade. Por exemplo, ele tentará persuadi-los a receber dinheiro conseguido por meios desonestos e depois doá-lo aos pobres como esmola honesta. O que o diabo quer fazer neste caso é injetar seu veneno e disfarçá-lo como doação de esmola. O caçador de aves não apanharia nenhuma ave de rapina se suas armadilhas estivessem claramente à vista, e o pescador não pegaria peixes se os anzóis não fossem camuflados por iscas.

É óbvio que devemos temer a esperteza de Satanás e nos prevenir contra ela, para evitar que os que não pode corromper por meio de tentações explícitas ele consiga abater com suas armas ocultas. A doação do que se obteve ilicitamente não deve ser vista como esmola honesta.

Dádivas que agradam ao nosso Redentor são aquelas que provêm do Senhor como dádivas puras. Jamais obtenhamos coisa alguma mediante o pecado e a ambição. As Escrituras Sagradas nos advertem de que "o sacrifício do perverso é detestável", especialmente quando feito com má intenção.

GREGÓRIO MAGNO, *EPÍSTOLAS*, LIVRO 9, EPÍSTOLA 106

Ó Deus Todo-poderoso, visto que em todas as coisas que provêm dos meios astutos de Satanás requer-se a ajuda da graça divina, nós imploramos tua proteção e orientação com orações constantes, a fim de vivermos em retidão. Sem tua favorável presença, não podemos esperar viver retamente em Cristo Jesus. Amém.

BASEADO EM GREGÓRIO MAGNO, *EPÍSTOLAS*, LIVRO 9, EPÍSTOLA 106

PARA REFLETIR: Pv 3.9; **21.27; 15.8;** Eclesiástico 34.24 (deuterocanônico); Mt 4.1-11; 13.3-9; 22.15-21; Mc 14.1-2; Lc 4.1-15; Jo 8.44; At 5.1-11; Tg 4.7; 1Pe 5.8-11

Devemos ser vigilantes para evitar as ciladas do diabo, nosso velho inimigo. Quanto maiores são as dádivas divinas que ele avista entre nós, tanto mais sutis são suas armadilhas para roubá-las. Os assaltantes não aguardam na estrada viajantes que não levam nada de valor. Aguardam os que carregam ouro e prata. Nossa vida sobre a terra é uma estrada. Os cristãos devem se precaver contra as emboscadas e o roubo de suas dádivas. Devemos proteger as dádivas de Deus pela humildade e na pureza. "Pois os que se exaltam serão humilhados, e os que se humilham serão exaltados." Quem ama o que vem do céu não se deixará cortar da raiz da humildade.

Muitas vezes o espírito maligno, o diabo, perturbará a paz de um trabalhador cristão com pensamentos de vanglória. Se o diabo obtiver sucesso, então um tumor letal crescerá e privará o cristão da graça do Senhor que concedeu as dádivas. Nesse caso se aplicarão as palavras do profeta: "Você confiou em sua beleza e usou sua fama para se tornar uma prostituta" [NVI]. Quando Satanás tenta usar nossas boas ações para nos encher de orgulho, confessemos nosso pecado e lembremo-nos apenas da graça do Deus Todo-poderoso, não de nossas habilidades pessoais; isso impedirá nossa queda.

GREGÓRIO MAGNO, EPÍSTOLAS, LIVRO 9, EPÍSTOLA 122

E agora, ó Deus de toda graça, Pai e Fonte de misericórdia e bondade, enche-nos de astuta sensibilidade e persuasão a respeito de todas as grandes verdades que nos foram reveladas no evangelho de Jesus Cristo. Que essas virtudes influenciem e orientem nossa vida; e, por meio do Espírito Santo, que a vida que levamos proceda da fé no Filho de Deus. Amém.

HENRY SCOUGAL, *A VIDA DE DEUS NA ALMA DO HOMEM*, PARTE 3

PARA REFLETIR: Ez 16.15-19; Lc 14.7-11; 18.14; 1Co 3.17; 2Co 8.7; Gl 6.1-9; Fp 3.1-21; 1Ts 4.3; 1Pe 1.1-17

(A carta a seguir é um excelente exemplo de humildade e unidade cristãs. Gregório escreve a João, abade do Monte Sena e diretor de um hospital para idosos que sofria uma crise de falta de leitos e roupa de cama.)

A humildade de sua epístola atesta a santidade de sua vida. Graças sejam dadas ao Deus Todo-poderoso, por existirem pessoas como vocês que oram por nós. Nós labutamos sob as responsabilidades do governo da igreja; somos jogados de um lado para outro nos vagalhões que tantas vezes nos fazem submergir. Mas, pela mão protetora da graça de Deus, somos içados das profundezas. Que vocês, que pelo contrário levam uma vida tranquila e estão, por assim dizer, a salvo na praia, possam nos estender sua mão de oração. Que sua intercessão nos ajude a chegar à terra dos vivos. Orem não somente por sua própria vida, mas também por nosso resgate. Que Deus salvaguarde o amor de vocês com a mão direita de sua proteção. Por meio de oração, sabedoria, exortação e piedoso exemplo, alimente o rebanho confiado aos seus cuidados. Que você e seu rebanho cheguem às pastagens da vida eterna. Nós exploraremos as pastagens celestiais em toda a sua beleza quando chegarmos às verdes pastagens da vida eterna.

GREGÓRIO MAGNO, *EPÍSTOLAS*, LIVRO 11, EPÍSTOLA 1

Em minha vida, agradecidos lábios
Um hino a Deus hão de cantar;
E enquanto do meu ser eu dispuser,
O meu Criador hei de louvar.
Meu coração sua graça avaliará
Em meditação doce e calma;
Alegre no Senhor, repetirá
Os seus louvores a minha alma.

O SALTÉRIO: COM LEITURAS RESPONSIVAS (1912), Nº 288, HINÁRIO

PARA REFLETIR: Sl 10.17-18; Pv 29.23; Is 57.15; Lc 12.32; 18.10-14; Jo 10.27; At 20.18-38; 1Pe 5.1-11

(Em carta a Pascásio, bispo de Nápoles, Gregório censura os cristãos que tentaram forçar judeus a se tornarem cristãos. Seu conselho vai além dos judeus.)

Quando tentamos conquistar alguém para Cristo, devemos aprender a bondade, não a amargura e aspereza. Caso contrário, aqueles que poderiam ser conquistados para Cristo por meio da bondade dele serão afastados por nosso rigor e denúncia pública. Desejando converter outras pessoas, alguns querem forçar não cristãos a abandonar sua própria religião e estilo de vida.

Tomemos os judeus, por exemplo. Num esforço de conquistar judeus para Cristo, alguns cristãos condenam os dias santos judaicos, suas festas e modo de vida. Os cristãos que tratam os judeus dessa maneira estão criando problemas que nada produzem de bom. Por que deveríamos tratar os judeus de tais maneiras que só conseguem afastá-los de Cristo? Eles deveriam ter sua liberdade para observar e praticar suas festas e dias santos.

Lidando com judeus ou com qualquer outra pessoa, devemos atraí-los pela razão e tratá-los com bondade. Devemos agir em relação às pessoas de tais maneiras que possam levá-las a querer seguir Cristo em vez de fugir dele.

GREGÓRIO MAGNO, EPÍSTOLAS, LIVRO 13, EPÍSTOLA 12

Ó tu, Pastor e Regente de todos, pelo Espírito Santo põe em minha boca uma palavra de consolação, edificação e exortação. Encoraja quem é bom a almejar coisas melhores, e chama de volta ao caminho da retidão aqueles que se transviaram. Acima de tudo, que tu concedas o Espírito de sabedoria e revelação para expressar teu amor de salvação para todos. Amém.

ANSELMO, ARCEBISPO DE CANTUÁRIA, LIVRO DE MEDITAÇÕES E ORAÇÕES, MEDITAÇÃO 18, SEÇÃO 90

PARA REFLETIR: Mt 10.7-14; Lc 6.27-36; 15.1-32; 19.1-10; Rm 1.1-6; 9.1-5; 10.1-4; 17.36; 1Co 9.2; 13.4-7; Cl 3.12-17; 4.2-6

ANSELMO, ARCEBISPO DE CANTUÁRIA

Anselmo (c. 1033–1109), arcebispo de Cantuária, exerceu um forte impacto na doutrina e filosofia cristãs. Ele acreditava que um rigoroso pensamento filosófico e teológico é essencial para a preservação da integridade da doutrina cristã. Mas a fé transformadora deve vir primeiro. Por meio de cuidadosa reflexão, a fé busca entender Deus e seus desígnios.

Anselmo, um doutor da igreja, nasceu na Itália e educou-se na Normandia. Tornou-se monge beneditino, professor e acabou sendo abade (diretor) do mosteiro de Bec, na Normandia. Em 1094, tornou-se o segundo arcebispo de Cantuária, na Inglaterra.

Seus escritos e explanações da fé passaram a integrar discussões sofisticadas da doutrina cristã. Suas obras mais breves incluem *Sobre o livre-arbítrio* e *A queda do diabo*, nas quais explica por que Satanás se rebelou. Em sua mais extensa *Por que Deus foi feito homem?*, Anselmo responde à pergunta: "Por que o Filho de Deus se encarnou e depois padeceu e morreu na cruz?". Somente o imaculado Filho de Deus poderia levar a cabo a restauração, compensação ou satisfação pelo pecado da humanidade contra o Deus Santo e as exigências da lei. Cristo liquidou a dívida da humanidade, e assim Deus pode agora pôr de lado com justiça a punição. Cristo abriu a porta da reconciliação.

O processo de argumentação de Anselmo preparou o palco para o escolasticismo, uma forma de pensamento que caracterizou a maior parte da Idade Média. Ele é também importante pelas maneiras com que tentou provar a existência de Deus, dentre as quais a que mais se destaca é o argumento ontológico apresentado em sua obra *Proslógio*. O "tolo" descrito em Salmos (14.1) era tolo por pensar que, negando alguma coisa que existe de modo finito, um "deus" pequeno o suficiente para ser negado, ele havia negado com êxito a existência de Deus. Na realidade, Deus é aquele Ser maior do qual nenhum outro pode ser concebido, um Ser *infinito* que uma mente *finita* não pode explicar. Se alguém pensar que negou a Deus com êxito, ele ou ela não se aprofundou o suficiente na questão. Só Deus pode explicar a ideia ou o conhecimento de um Deus assim mentalmente presente.

O *Livro de meditações e orações* de Anselmo contém um tesouro para o discipulado cristão.

Desperte, minha alma, desperte! Deixe o fogo do amor do céu arder em seus mais íntimos recessos. Considere a dignidade que o Senhor Deus lhe concedeu. E, aprendendo, honre-o com a linguagem de uma vida santa. Aquele que lhe concedeu morada nele mesmo, que quer fazer de você um templo para sua morada, não a adorna com o próprio ser dele? Ser batizado em Cristo é ser revestido de Cristo. Que louvor você então concederá a ele que a cobriu com tanta graça e a exaltou com tanta dignidade? Que a maior explosão de alegria de minha alma seja exclamar que Deus me cobriu com as vestes de sua salvação. A suprema alegria dos anjos é contemplar o Filho de Deus. Mas ele é Aquele que, em sua misericórdia, se dignou nos vestir com seu próprio ser.

Esses são os gloriosos benefícios de nosso Criador. Se nós os ponderarmos corretamente, e os abraçarmos com devoção, e os imitarmos com amor ardente, não só recuperaremos as boas coisas perdidas por meio de Adão, mas pela graça inexaurível do Salvador conseguiremos bens muito mais nobres. Pois o próprio Deus, em Cristo, tornou-se nosso irmão mais velho mediante o mistério da encarnação. Portanto, aplique-se incansavelmente à busca da santidade.

ANSELMO, ARCEBISPO DE CANTUÁRIA, *LIVRO DE MEDITAÇÕES E ORAÇÕES,*
MEDITAÇÃO I, SEÇÕES I-6

Ó Senhor, torna-me capaz de ponderar todos os teus benefícios. Afasta de mim todas as delícias que possam a ti se opor. Que nenhum consolo do presente me seduza para longe de ti. Envolve-me com teu amor e enche-me de santo anseio. A ti seja dado louvor infinito. Amém.
ANSELMO, ARCEBISPO DE CANTUÁRIA, *LIVRO DE MEDITAÇÕES E ORAÇÕES,* MEDITAÇÃO I, SEÇÃO 6

PARA REFLETIR: Gn 1.26; Êx 3.14; Ct 1.1, 3; Eclesiástico 47.10 (deuterocanônico); Is 61-10; Lc 17.21; Jo 12.32; 14.4; 15.4; 17.21; 27.21; At 17.28; 1Co 1.30; 3.17; 11.7; 2Co 6.16; Gl 3.27; Ef 5.32

109

(Por que Deus foi feito homem? Por que a encarnação?)

Caro cristão, renascido da morte do pecado, redimido da triste escravidão e liberto pelo sangue do Deus encarnado, considere o significado de sua redenção. Reflita sobre a Fonte de sua salvação. Prove a bondade de seu Redentor. Irrompa em chamas de amor por seu Salvador. Saboreie a doçura do mel de sua crucificação e ressurreição com Cristo; ingira a saúde dele.

Cristo, o Bom Samaritano, o curou. Ele, o bom Amigo, o redimiu com sua vida e o libertou. Assim, o poder de sua salvação é o poder de Cristo. Mas em que consiste esse poder? Você sabe que as mãos dele foram cruelmente atadas aos braços da cruz. Mas, oh, que força reside naquela aparente fraqueza! Que grandeza naquela humildade! Que santidade no desprezo que ele suportou!

Ó força oculta: o Deus encarnado, preso à cruz, conseguiu libertar os fortemente presos pela perpétua morte. Ó velada onipotência: o Deus encarnado, condenado a morrer com ladrões, conseguiu libertar os que foram vandalizados por demônios. Ó divino valor oculto: o Deus encarnado, entregue às mãos da tortura, inúmeras almas conseguiu livrar do inferno.

Anselmo, arcebispo de Cantuária, *Livro de meditações e orações,*
meditação 11, seção 51

Bendito Senhor, pelo Espírito Santo permite-nos seguir-te em obediência até o Pai. Não por obrigação assumiste a vergonha da cruz, mas sim por tua livre escolha. Que eu possa render-te a homenagem de um amor agradecido por tua misericordiosa livre escolha em meu proveito. Amém.

Anselmo, arcebispo de Cantuária, *Livro de meditações e orações,* meditação 11, seções 51-52

PARA REFLETIR: Is 53.1-12; Hc 3.4; Mc 4.35-41; Lc 1.26-33,46-55; 2.1-22; Jo 1.1-18; At 2.14-39; Rm 1.18-31; 1Co 1.15-23; Ef 1.3-14

A contemplação do santíssimo nascimento de nosso Salvador transborda de alegria, de misericórdia e de edificação: de alegria, devido ao nosso próprio excelente contentamento; de misericórdia, devido aos sofrimentos de nosso Senhor; e de edificação, devido às lições que a encarnação nos ensina. Pois o que é mais repleto de alegria que a contemplação do Encarnado que, como sabemos, é o Criador da humanidade? O que, além disso, nos deveria parecer mais surpreendente que ver com os próprios olhos que, na pessoa desse Mediador entre Deus e o homem, nosso Senhor Jesus Cristo, de modo maravilhoso e incompreensível a eternidade passou a morar entre nós? Nele a majestade está envolta em humildade. Embora eterno no seio do Pai, ele foi concebido no ventre de uma mãe. Do Pai sem começo desde a eternidade, ele nasce no tempo de sua mãe sem um pai humano. Vejam! Aquele que cobriu a terra com árvores e vegetação, que encadeou o céu com luzes, que povoou a terra e supriu os mares, aqui está envolvido em trapos. Aquele que o céu dos céus não pode conter está confinado numa estreita manjedoura e se alimenta com leite materno. Todo louvor seja a Deus, o Pai de nosso Senhor Jesus Cristo, que de modo tão maravilhoso e magnífico nos abençoou em Cristo.

ANSELMO, ARCEBISPO DE CANTUÁRIA, *LIVRO DE MEDITAÇÕES E ORAÇÕES*,
MEDITAÇÃO 12, SEÇÃO 55

Ó Deus de imutável poder e luz eterna, que todo o mundo veja e saiba que todas as coisas estão sendo levadas para sua perfeição por aquele mediante o qual todas as coisas foram feitas, teu Filho Jesus Cristo, nosso Senhor, que vive e reina contigo, na unidade com o Espírito Santo, um só Deus, para todo o sempre. Amém.

"A APRESENTAÇÃO", ORDENAÇÃO DE UM DIÁCONO, LOC

PARA REFLETIR: Mt 1.18-25; Lc 2.1-7; Jo 1.1-5; Ef 3.9; Cl 1.16; 1Tm 2.1-5; Hb 1.1-4; 8.16; 9.15; 12.18-24; 1Pe 1.17-21; 1Jo 1.1-4; Ap 1.12-20; 3.14

(O Senhor Jesus Cristo é a Sabedoria e o Poder de Deus.)

Ó cena maravilhosa! Em Jesus Cristo a eternidade começa a ser. Ele é a Sabedoria, cuja sabedoria não tem começo nem fim. No entanto, ele, a própria Sabedoria de Deus, avança do menos para o mais. Ele, cuja eternidade não pode ser decrescida, assim como não pode ser acrescida, mora entre nós, seu tempo entre nós sendo medido em dias e horas. O Autor primordial da graça, seu Preservador e Doador, cresce em graça. Ele, a quem toda a criação adora e diante de quem todo joelho deve dobrar-se, é sujeitado a pai e mãe humanos. Ele, a quem os anjos servem, é tentado pelo diabo.

Vejam e sintam-se assombrados! O Pão da Vida sente fome; a Fonte tem sede; o Caminho se cansa; a Magnificência está sujeita à malícia de outrem; o Poder é enfraquecido; a Força se esgota; a Glória Divina é desprezada e escarnecida; o Júbilo lamenta; a Alegria chora ante a morte de um amigo; a Majestade é envolvida na humildade, e a Vida na morte.

ANSELMO, ARCEBISPO DE CANTUÁRIA, *LIVRO DE MEDITAÇÕES E ORAÇÕES,* MEDITAÇÃO 12, SEÇÃO 55

Quando, ó Deus, eu considero todas as tuas maravilhosas obras, tremo de assombro pois tu resplandeces em todas gloriosamente. No entanto, por maior, por mais bela e excelente que seja a criação, ela se apresenta desprovida de beleza quando comparada contigo. Os céus e a terra e toda a grandeza deles subsistem por ti, seu Criador e Governador. Eles proclamam teu poder e plenitude, tua sabedoria e beleza, tua bondade e amor. Como a luz supera as trevas, assim tu transcendes a todas as criaturas. "Eu te desejo mais que a qualquer coisa na terra." Amém.

ANSELMO, ARCEBISPO DE CANTUÁRIA, *LIVRO DE MEDITAÇÕES E ORAÇÕES,* MEDITAÇÃO 13, SEÇÃO 62

PARA REFLETIR: Sl 73.25; Mt 4.1-11; Lc 2.41-52; 13.31-35; 22.63-65; Jo 4.1-38; 11.17-44; 19.1-30; At 2.22-36; Rm 11.33-36; 14.9-12; Fp 2.5-11; Hb 2.5-18

BERNARDO DE CLARAVAL

O extraordinário registro de serviços prestados a Cristo e sua igreja por Bernardo de Claraval (1090–1153) destaca-o como um gigante do discipulado e do ensino cristãos. Ele foi um importante líder da igreja na primeira metade do século 12 e continua sendo um eminente guia da espiritualidade cristã. No entanto, nada consta em sua biografia que mostre que Bernardo em momento algum se considerou algo mais que um servo plenamente agraciado do Senhor.

Nasceu em Fontaine-lès-Dijon, numa família da mais alta nobreza que zelosamente cuidou de sua formação. Aos 9 anos de idade, foi enviado para uma famosa escola, onde se destacou no estudo de poesia e literatura, um interesse motivado por seu amor pelas Escrituras. Mais tarde, ele se tornaria um poeta dos sofrimentos de Jesus e da virgindade de Maria.

Em 1112, Bernardo entrou para a Abadia de Cîteaux, onde recebeu uma educação em formação monástica. Em 1115, foi incumbido de estabelecer um novo mosteiro em Claraval, ou o Vale da Luz. Como jovem abade, Bernardo publicou sermões sobre o anúncio do arcanjo Gabriel a Maria. Tais sermões o distinguiram como um talentoso escritor e professor. Sua fama e encanto pessoal atraíram muita gente para Claraval. Mais tarde, ele investiria suas habilidades na reforma de mosteiros cistercienses.

A fama dos talentos de Bernardo se espalhou para além dos círculos monásticos. Governadores passaram a procurar seus conselhos. Seu serviço mais famoso como conselheiro ocorreu em 1130, quando ajudou a resolver a controvérsia que havia causado a divisão no papado e na igreja. Bernardo também se empenhou para pacificar a França e a Inglaterra. Solicitado por um de seus ex-alunos, o papa Eugênio III, em 1145 Bernardo pregou o começo da Segunda Cruzada. Em seus últimos anos de vida, deixou o leito de enfermo e viajou para Rhineland, a fim de defender judeus perseguidos.

Além dessa extraordinária produtividade que resultou no estabelecimento de mosteiros cistercienses, Bernardo escreveu muitas obras sobre a formação cristã que tratam do crescimento na santidade cristã. Por exemplo, seu tratado *Sobre o amor a Deus* mapeia o caminho pelo qual a graça divina guia cristãos para o perfeito amor a Deus.

Bernardo morreu em Claraval em 1153.

Por que devemos amar a Deus, e em que medida? A razão para amar a Deus é o próprio Deus. E a medida em que ele deve ser amado é imensurável.

Poderia haver maior reivindicação para nosso amor do que Cristo ter-se entregado de livre vontade em favor de indignos pecadores? Que dádiva mais suntuosa poderia Deus nos ter concedido?

Deus não deveria ser amado em retribuição quando consideramos quem amou, a quem amou e quanto amou? Pois quem é aquele que nos amou? Aquele que os cristãos confessam: "Tu és meu Deus". Essa não é a suprema demonstração daquele amor que se recusa a buscar os próprios interesses?

A quem foi demonstrado esse amor tão inefável? Aos inimigos de Deus, pois "quando ainda éramos inimigos de Deus nosso relacionamento com ele foi restaurado pela morte de seu Filho". Foi, portanto, o Deus Todo-poderoso que nos amou livremente e nos amou quando ainda éramos seus inimigos.

E quão grande é o amor de Deus? Ele "amou tanto o mundo que deu seu Filho único". E que dizer sobre a medida do amor de Deus? Ele "não poupou nem mesmo seu próprio Filho, mas o entregou por todos nós". Essa é a reivindicação que o santo, supremo e onipotente Deus faz de nós que éramos corrompidos. Deus de modo maravilhoso nos ofereceu seu amor para que não tenhamos mais de permanecer em nossos pecados.

Bernardo de Claraval, Sobre o amor a Deus, cap. i

Ó Senhor, meu Deus, concede-me entendimento para te conhecer, zelo para te buscar, sabedoria para te achar, uma vida que seja do teu agrado, perseverança inabalável e uma esperança que um dia será concretizada em tua gloriosa presença. Amém.

Atribuído a Tomás de Aquino, "Orações de São Tomás de
Aquino", 2 Hearts Network

PARA REFLETIR: Sl 16.2; 63.1-8; 73.23-26; **Jo 3.16-18**; 15.9-17; 17.20-23; **Rm 5.10-11; 8.31-39**; 1Co 13.5; Cl 1.21-23; 1Jo 4.7-21

Nenhum benefício decorre da posse de uma dádiva se a pessoa não sabe que a possui. Mas algumas pessoas que estão cientes da posse de uma dádiva deixam de reconhecer que ela veio de Deus. Pelo contrário, orgulham-se de si mesmas, acreditando que ela resultou de seus esforços. Cometem o pecado da vanglória deixando de glorificar a Deus como o Doador de todas as coisas. O apóstolo Paulo perguntou: "O que você tem que não lhe tenha sido dado?". Se tudo o que temos é uma dádiva de Deus, então por que nos vangloriar e agir como se ela não nos tivesse sido dada? A glória adequada glorifica a Deus em tudo, pois somente o Senhor é a Verdade. Reconheça o valor da dádiva, mas não se vanglorie como se ela fosse sua.

Como povo de Deus, devemos saber de nós mesmos primeiro o que somos e segundo que nós não somos. Se os discípulos de Jesus não entendem perfeitamente essa verdade, eles deixarão de glorificar a Deus, e sua glorificação cairá no vazio. Se os discípulos de Jesus não se rejubilam com gratidão pela dádivas da graça, acabarão vivendo como animais que perecem.

BERNARDO DE CLARAVAL, SOBRE O AMOR A DEUS, CAP. 2

Permite agora que a ti sejam dados meu louvor e bênção e ação de graças, ó Senhor, meu Deus, por todas as dádivas e bondades, sem mérito algum de minha parte, ou melhor, apesar dos meus pecados. Tu derramaste sobre mim benefícios na alma e no corpo. Tais foram tuas mercês e bondades que agora vejo que tu me abençoaste desde o berço. Mas eu te suplico, Senhor, eu te suplico, jamais permitas que eu seja ingrato por tão grandes benefícios e desatento a tantas mercês. Amém.

ANSELMO, ARCEBISPO DE CANTUÁRIA, LIVRO DE MEDITAÇÕES E ORAÇÕES, MEDITAÇÃO 18, SEÇÃO 91

PARA REFLETIR: Sl 35.18; 50.14; 75.1; Ct 1.8; Jo 14.6; **1Co** 1.31; **4.7;** Rm 8.31-32; Ef 5.15-20; Hb 12.13-16; Ap 11.17

Se a pessoa ignora o fato de que é distinta das criaturas inferiores pela única razão de que recebeu dádivas especiais de Deus, ela logo trairá sua dignidade conferida por Deus e começará a se comportar como algumas das criaturas. Sua ignorância resultará numa escravidão a paixões, e ela se parecerá cada vez mais com criaturas não criadas à imagem de Deus.

Os cristãos devem ser vigilantes. Não devemos nos colocar nem numa posição muito inferior na ordem divina da criação, nem nos imaginar numa posição muito superior. Este segundo erro decorre de atribuirmos insensatamente às nossas conquistas aquilo de bom que possa existir em nós. Mas há um erro congênere e mais grave: o pecado da presunção, que significa a usurpação intencional e arrogante da glória de Deus em benefício próprio em decorrência de bens que são exclusivamente de Deus. Se a ignorância pode ser animalesca, a arrogância é satânica.

Para nos guardarmos do pecado da presunção, a virtude precisa ser adicionada à dignidade e à sabedoria. A virtude buscará e encontrará o Autor e Doador de tudo o que é bom.

BERNARDO DE CLARAVAL, *Sobre o amor a Deus*, CAP. 2

Autor e Fonte de toda Vida e Ventura! Nós nos rejubilamos considerando que coisas belas tu realizarás naqueles que a ti se entregam. Quem dera a santa vida do bendito Jesus, e as excelentes graças que nele apareceram de modo tão eminente, sempre fossem o modelo de nossa formação. Que nunca cessemos de buscar a semelhança com o Senhor, até que aquela nova e divina natureza reine em nós. Pois a ti pertence toda glória, honra e adoração, ao Pai, Filho e Espírito Santo, agora e para sempre e pelos séculos dos séculos. Amém.

HENRY SCOUGAL, *A vida de Deus na alma do homem*, PARTE I

PARA REFLETIR: Gn 1.26-27; 8.21; Êx 20.4; 23.24; Lv 26.1; Dt 5.8; Sl 94.10; 136.25; Lc 12.47; Rm 1.18-32; 8.29; 1Co 15.49; 2Co 3.18; 4.4; Cl 3.10

115

(Do amor e sua recompensa.)

O amor é um afeto da alma, não um contrato. Ele não é dado nem recebido com base num mero acordo. Pelo contrário, o amor é espontâneo em sua origem. Se você ama visando algo mais em recompensa, então o que você realmente ama é aquele "algo mais". Paulo não pregou o evangelho desejando ganhar seu pão. Não, alimentava-se ele para ter forças e poder pregar o evangelho. O que ele amava não era o pão, mas o evangelho.

Num nível inferior, é o relutante, e não o ávido, que nós estimulamos com promessas de recompensas. Quem pensaria em pagar uma pessoa para fazer o que ela já anseia fazer? Ninguém contrataria uma pessoa faminta para comer, uma pessoa com sede para beber, ou uma mãe para amamentar sua criança. Quem pensaria em subornar um agricultor para que ele cuide do próprio vinhedo, cultive o próprio pomar ou reforme a própria casa? Com muito mais razão, quem ama a Deus verdadeiramente não pede nenhuma recompensa que não seja o próprio Deus. Se essa pessoa exigisse qualquer coisa a mais, estaria amando o prêmio que ela almeja, e não o próprio Deus.

Bernardo de Claraval, *Sobre o amor a Deus*, cap. 7

Eu te amo, ó meu Deus, acima de todas as coisas, porque tu foste tão bom, tão paciente, tão amoroso comigo, apesar de todos os pecados pelos quais te ofendi tão gravemente. Eu te amo, ó bendito Jesus, meu Salvador, porque tu sofreste tanto por mim, um ingrato pecador, e morreste na cruz por minha salvação. Ah, faz que eu te ame cada vez mais e mostra-me meu amor por ti pela obediência fiel aos teus mandamentos todos os dias da minha vida. Amém.

"Atos de fé, esperança e amor", Um breve serviço de consolação e esperança para comungantes enfermos, em *Livro de ofícios* (1914)

PARA REFLETIR: Sl 18.1-3; 63.1-3,7-8; 84.2-4; Mt 26.36-46; Mc 10.17-27; Lc 14.27-28; Jo 14.20-23; 1Co 13.5; Fp 1.9-11; 1Pe 1.7-9

No início uma pessoa pode "amar" a Deus por causa dos benefícios que recebe, não por quem Deus é. Mas acaso essa pessoa não vê como ela sozinha quase nada pode fazer e como ela depende radicalmente da bondade divina? Esse reconhecimento deveria levá-la a abandonar sua disposição egoísta em relação a Deus. Quando constantes tribulações levam alguém a recorrer a Deus em busca de sua infalível ajuda, será que até mesmo um coração duro como o ferro e frio como o mármore não seria abrandado pela bondade do Salvador? Será que não abandonaria seu egoísta amor a Deus para começar a amá-lo simplesmente por quem ele é? Não seria subjugado pela generosidade da graça de Deus que o convida a amá-lo sem nenhum egoísmo?

Amar a Deus simplesmente por ele ser Deus deve tornar-se algo espontâneo e puro em seus filhos. Esse amor é expresso não só verbalmente, mas também em ações. Por meio do amor ao próximo e do uso que fazemos dos bens deste mundo nós retribuímos o amor de Deus. Quando amamos dessa maneira, então amamos como Deus nos amou. Já não amamos a Deus visando o possível lucro egoísta, mas buscamos as coisas que são de Cristo e que resultam em seu benefício, assim como ele visou não o próprio bem-estar, mas sim o nosso.

BERNARDO DE CLARAVAL, SOBRE O AMOR A DEUS, CAP. 9

Ó meu Senhor e Deus de toda misericórdia, meu Criador, minha Salvação, minha Vida, minha Esperança, minha Consolação e meu Refúgio, controla e sustenta minha capacidade de livre escolha pela tua graça e pela tua todo-misericordiosa bondade, a fim de que eu não use inadequadamente a liberdade e venha assim a te ofender. Amém.

ANSELMO, ARCEBISPO DE CANTUÁRIA, LIVRO DE MEDITAÇÕES E ORAÇÕES, MEDITAÇÃO 19, SEÇÃO 98

PARA REFLETIR: Sl 34.8; 49.18; 118.1; Mt 25.35-40; Lc 10.47; Jo 3.18; 4.42; 15.12; Gl 6.2; Tg 1.17; 1Pe 1.22; 1Jo 3.18; 4.19-20

Amar a felicidade do próximo tanto quanto amamos a nossa, eis a verdadeira caridade de um coração puro, uma boa consciência e uma fé transparente. Quem ama o próximo visando a própria prosperidade é desmascarado por não amar o bem por amor ao próprio bem. Uns louvam a Deus porque Deus é poderoso, outros porque seus bens são abundantes, e ainda outros simplesmente por causa da bondade essencial de Deus. Os primeiros são escravos do medo. Os segundo são gananciosos e cobiçam mais benefícios. Mas o terceiro grupo é constituído por aqueles que são verdadeiros filhos de Deus e honram seu Pai. Os primeiros dois tipos são motivados pelo egoísmo.

Nem o medo nem o egoísmo podem transformar alguém à imagem de Deus. O medo e o egoísmo podem mudar a aparência de uma pessoa tornando-a parecida com um filho de Deus, e podem até modificar sua conduta, mas nunca mudarão seu coração. Um escravo pode executar a obra de Deus, mas por labutar involuntariamente ele continua sendo escravo. Um mercenário pode servir a Deus, mas por estabelecer o preço do seu serviço ele continua preso à ganância. Onde há egoísmo, há isolamento. O medo constrange o escravo, e a ganância constrange o egoísta. Mas o amor que caracteriza o filho de Deus nunca contabiliza coisa alguma em seu próprio benefício.

BERNARDO DE CLARAVAL, SOBRE O AMOR A DEUS, CAP. 12

Ó Senhor e Salvador, de quem todos nós recebemos bênçãos e mais bênçãos, aqui e em toda parte, agora e sempre, dispõe os dias de nossa vida na ordem que mais te agrada, e pelo teu Espírito Santo dirige-nos o coração, a língua e as ações pela tua misericórdia, de acordo com a tua vontade. Que nós realmente busquemos, por meio da tua graça, falar e fazer o que te agrada. Amém.

ANSELMO, ARCEBISPO DE CANTUÁRIA, LIVRO DE MEDITAÇÕES E ORAÇÕES, MEDITAÇÃO 18, SEÇÃO 91

PARA REFLETIR: Sl 19.7; 49.16-19; 118.1; Mt 6.24; 13.44; Lc 12.15; Jo 12.4-6; 1Co 13.5; Fp 4.11-12; Cl 3.5; 1Tm 1.5; 1Jo 4.8

Uma lei está associada ao espírito de escravidão. Sua disposição é o medo. Outra lei existe que tem a ver com o espírito de liberdade. Sua disposição é a ternura e o amor. Os filhos de Deus não vivem de acordo com a primeira lei. E não podem viver sem a segunda. Paulo explicou que nós recebemos um "espírito de adoção", mediante o qual designamos Deus como nosso Pai, e não um "espírito de escravidão" e de "medo". Assim, é incorreto dizer que os justos não têm lei alguma, mas que simplesmente a lei da escravidão não se aplica a eles. A lei do medo é imposta aos rebeldes. A lei do amor é dada aos obedientes filhos de Deus. O Deus que é amor é o Autor dela. É por isso que Jesus pôde dizer: "Tomem sobre vocês o meu jugo". Ele quis dizer: "Eu não lhes vou impor o meu jugo, se vocês estiverem relutantes; mas, se quiserem, podem assumi-lo". Sob quaisquer condições que não sejam as da obediência amorosa, o jugo de Cristo produz cansaço em vez de descanso para a alma.

BERNARDO DE CLARAVAL, *SOBRE O AMOR A DEUS*, CAP. 14

Ó Deus, Fonte e Origem, Doador e Preservador de todas as virtudes, aumenta em mim, eu te suplico, a verdadeira fé, a esperança infalível, a caridade perfeita; a humildade profunda, a paciência invencível e a perpétua castidade de corpo e mente. Concede-me sabedoria, justiça, fortaleza e temperança; discrição em todas as coisas e uma sensibilidade vigilante, para que eu possa sabiamente distinguir entre o bem e o mal. Amém.

ANSELMO, ARCEBISPO DE CANTUÁRIA, *LIVRO DE MEDITAÇÕES E ORAÇÕES*, MEDITAÇÃO 18, SEÇÃO 90

PARA REFLETIR: **Mt 11.29-30; Rm 8.15;** 1Co 9.20; Gl 4.1-9; Fp 2.12-15; 1Tm 1.9

Nós ouvimos dizer que "o perfeito amor afasta todo medo". Mas na verdade o amor nunca dispensa um medo que é piedoso. O medo piedoso não destrói a devoção amorosa. Pelo contrário, quando misturado com essa devoção, o medo piedoso a purifica. Nesse caso, o fardo opressivo do medo que antes era insuportável por ser escravizador, torna-se suportável. O medo piedoso é puro e filial. Contrastando com ele, o medo servil gera sofrimento, isto é, a causa e seu efeito. Mais ainda, o amor nunca prescinde do desejo, mas agora o desejo é controlado pelo amor.

O amor aperfeiçoa a lei do serviço infundindo devoção, assim como aperfeiçoa a lei do salário restringindo a ganância.

O egoísmo é restringido dentro de limites apropriados quando controlado pelo amor. Ele agora rejeitará o mal e preferirá o bem. Ele se satisfará com o bem apenas na medida em que promove o melhor. De igual modo, pela graça de Deus as pessoas cuidarão do corpo, não como fim em si mesmo, mas por servirem ao espírito humano. E cultivarão o bem-estar do espírito apenas na medida em que ele promove o culto a Deus.

BERNARDO DE CLARAVAL, SOBRE O AMOR A DEUS, CAP. 14

Todo-poderoso, Eterno, Justo e Misericordioso Deus, concede-nos a graça de fazer somente por ti tudo o que sabemos que queres que façamos e sempre desejar o que te agrada. Assim, purificados e iluminados interiormente, e inflamados pelo fogo do Espírito Santo, que nós sigamos as pegadas do teu amado Filho, nosso Senhor Jesus Cristo. E somente por tua graça, que caminhemos para ti, ó Altíssimo, que vives e governas em perfeita Trindade e simples Unidade e é glorificado, Deus onipotente para todo o sempre. Amém.

FRANCISCO DE ASSIS, "CARTA A TODOS OS FRADES" (C. 1224 D.C.),
ESCRITOS DE SÃO FRANCISCO

PARA REFLETIR: Sl 34.9-11; 89.7; 111.10; Pv 8.13; 19.23; Is 8.12-13; Mt 5.17; 10.28; Lc 12.4-5; 2Co 5.11-15; 7.1; **1Jo 4.18**

HILDEGARDA DE BINGEN

Na igreja medieval, as mulheres puderam ter voz como visionárias e profetisas, contanto que suas visões e profecias fossem apropriadamente validadas pela autoridade eclesiástica. Hildegarda de Bingen (1098–1179) foi a mais importante visionária e profetisa do século 12. Graças ao que Deus permitiu que ela visse, ouvisse e entendesse, aos seus dons literários e administrativos, e à sua liderança como abadessa, Hildegarda exerceu uma surpreendente influência na igreja.

Hildegarda era a décima criança nascida de uma nobre e bem relacionada família. Aos 8 anos de idade, foi entregue à igreja por seus pais como um dízimo. Ela foi posta sob os cuidados de mulheres nobres cuja hermética moradia estava ligada a um mosteiro beneditino para homens. Embora pareça ter sido pela maior parte autodidata, Hildegarda obteve um ótimo domínio da Bíblia latina e sabia explorar e articular fielmente a doutrina ortodoxa cristã. Sua produção literária é impressionante. Ela escreveu quase quatrocentas cartas endereçadas a praticamente cada uma de todas as pessoas importantes, bem como a gente comum do povo. Escreveu textos que tratam de teologia, botânica e medicina. Também produziu uma peça teatral litúrgica, canções e poemas. Como se isso não bastasse, fundou dois mosteiros. Em 2012, o papa Bento XVI conferiu a Hildegarda o título de doutora da igreja, uma dentre apenas quatro mulheres que receberam esse título.

Em *Vida*, obra que ela ditou por volta de seus 75 anos, Hildegarda diz que desde a infância recebeu visões pictóricas acompanhadas de relâmpagos e dores lancinantes. As visões perduravam até quando ela estava consciente. Em seguida, elas e seu significado lhe eram gravados na memória.

Quando ela estava com 42 anos, Deus mandou Hildegarda registrar suas visões. Ela fez isso em *Scivias* (do latim, *Scito vias Domini*, "Conheça os caminhos do Senhor"). *Scivias* contém

26 visões divididas em três livros. Uma "declaração de que estas são as verdadeiras visões fluindo de Deus" abre a obra, que apresenta vívidas ilustrações das visões, logo em seguida explicadas. Hildegarda faz um relato poético de cada visão. Depois, repete e explica cada sentença ou frase.

A última obra visionária de Hildegarda foi o *Livro das obras divinas*, inspirado por uma visão avassaladora do amor de Deus.

E por que [o Filho de Deus] é [...] chamado a Palavra? Porque, como uma palavra de comando proferida por um instrutor em meio ao local e transitório pó humano é entendida pelas pessoas que conhecem e pressupõem a razão de quem a proferiu, assim também o poder do Pai é conhecido entre as criaturas do mundo, que percebem e reconhecem nele a Fonte de sua criação, mediante a Palavra que não depende de lugar e é imperecível em sua inextinguível vida eterna; e como o poder e a honra de um ser humano são conhecidos por suas palavras autorizadas, assim também a santidade e bondade do Pai brilham através da Suprema Palavra.

HILDEGARDA DE BINGEN, *SCIVIAS*, LIVRO 2, VISÃO 1, SEÇÃO 5

Ó Pão sagrado! Pão vivo! Pão puro! Unigênito do Pai pelo Espírito! Enche-nos com os frutos da retidão para glória e louvor do Pai. Como os anjos diariamente de ti se alimentam, assim também nós, que somos peregrinos caminhando para aquela bela terra, possamos nos saciar de ti; que diariamente restauremos as energias com teu alimento para não desfalecermos à beira do caminho. Embora a pessoa exterior pereça, tu nos renovas dia após dia, alimentando-nos com o Pão da vida. Amém.

EXTRAÍDO DE UMA ORAÇÃO DE AMBRÓSIO, BISPO DE MILÃO, PARA O SÁBADO, EM "ORAÇÃO ANTES DA MISSA", WILLING SHEPHERDS OF JESUS CHRIST

PARA REFLETIR: Jo 1.1-18; 6.35-66; 7.25-53; 8.12-59; 17.1-26; Cl 1.15-20; Hb 1.1-14

(Hildegarda apresenta uma visão do Cristo glorificado e sua igreja.)

E ele avança rumo ao pináculo de inestimável glória, onde fulgura na plenitude de maravilhosa fecundidade e fragrância. Isso é o mesmo que dizer que o Filho de Deus ascendeu para o Pai, que com o Filho e Espírito Santo é o ápice de sublime e absoluto júbilo e contentamento indizível; onde o mesmo Filho gloriosamente aparece a seus fiéis na fartura de santidade e bem-aventurança, para que eles acreditem de coração puro e simples que ele é verdadeiramente Deus e Homem. E em seguida realmente a nova Noiva do Cordeiro foi preparada com muitos ornamentos, pois ela devia ser ornamentada com todos os tipos de virtude para a árdua luta de todos os fiéis, fadados a lutar contra a astuta serpente.

Hildegarda de Bingen, Scivias, livro 2, visão 1, seção 17

Ó inexaurível Fonte de todo bem, concede-me reconhecer tua providência que trabalha para nosso bem em todas as coisas e reconhecer que tuas numerosas dádivas são simplesmente as tuas mãos amparando-nos em cada graça. Habilita-me por teu Espírito, por amor, a dedicar a ti tudo o que sou — tudo o que tenho de meu, minha família, minha igreja e minha própria pessoa —, a agir de acordo com teus conselhos, os propósitos de tua graça e os desígnios de tua glória em toda a criação. Amém.

PARA REFLETIR: Mc 16.9-20; Lc 24.45-53; At 1.1-11; Ef 1.15-23; 1Tm 3.16; Ap 4.1-11; 5.6-14; 19.6-8; 22.7-21

FRANCISCO DE ASSIS

Nenhum herói da igreja pós-Novo Testamento é mais admirado pelos cristãos que Francisco de Assis (1182–1226). Mas o início de sua vida predizia que ele seria lembrado como o filho privilegiado, mimado e negligente de pais ricos, e não como alguém que levou uma vida de pobreza servindo aos pobres e fundou a ordem dos franciscanos.

Francisco era filho de um abastado comerciante de tecidos de Assis. Na pia batismal recebeu o nome de Giovanni, que depois seu pai trocou pelo de Francesco. O menino recebeu pouquíssima e inútil instrução dos sacerdotes de Assis. Pelo que se sabe, na juventude Francisco foi permissivo e não tinha nenhum interesse por levar adiante os negócios do pai. Belo e encantador, ele oferecia suntuosas celebrações. Seus amigos o rotularam "rei das festas". O interesse por coisas eternas ao que parece inexistia. Seus interesses mais entusiásticos eram a bravura e a fama militar. Aos 20 anos, lutou numa guerra entre Assis e Perúgia; foi ferido e feito prisioneiro. Seu pai o resgatou, mas só depois de Francisco passar um ano na prisão, onde contraiu malária.

Essa experiência despertou em Francisco a primeira vibração por realidades eternas. Mas, ao se recuperar, o sentimento religioso se esvaiu e a sede de fama cavalheiresca voltou. Ele partiu para juntar-se em batalha ao conde Walter de Brienne. Em Spoleto, porém, Francisco soube da morte do seu herói. Desesperado, sofreu uma recaída de malária. Certa noite, uma voz misteriosa lhe disse que ele estava servindo ao "patrão" errado. Francisco soube que Deus havia falado e não o deixaria se desgarrar. Durante os dois anos seguintes, Deus preparou Francisco para a conversão. Um dia, durante uma cavalgada, Francisco ultrapassou um leproso. Em vez de lhe atirar uma moeda e continuar cavalgando, ele apeou do cavalo, abraçou o leproso e lhe deu todo o dinheiro que tinha. Esse foi o momento que coroou sua conversão. Em seu leito de morte, numa linguagem que lembra a de Paulo e Agostinho, Francisco atestou que o que aparentemente era amargo havia se tornado doçura. A graça havia vencido.

Depois do encontro com o leproso, enquanto Francisco estava orando numa igreja abandonada, Deus lhe disse: "Vá reformar minha casa arruinada". Pouco a pouco, Francisco percebeu que Deus o havia orientado para reconstruir o corpo de Cristo. A esse chamado Francisco prontamente se submeteu.

122

(Os excertos a seguir são parte das 28 Admoestações de São Francisco, provavelmente endereçadas a seus irmãos franciscanos.)

Admoestação 2: O mal da vontade própria. O Senhor Deus disse a Adão: "Coma à vontade dos frutos de todas as árvores do jardim, exceto da árvore do conhecimento do bem e do mal". Adão tem permissão para comer dos frutos de qualquer árvore do paraíso. Desde que não desobedecesse à ordem do Senhor, ele não pecaria. Quem come da árvore do conhecimento do bem e do mal eleva sua vontade acima da vontade de Deus e se orgulha de bens que Deus criou e opera nele. Cedendo à tentação do diabo, ele transgride o mandamento do Senhor e prova o mal e a culpa. Torna-se assim necessário que ele sofra o castigo.

Admoestação 6: Da imitação do Senhor. Irmãos, consideremos o Bom Pastor, que para salvar suas ovelhas aceitou o suplício da cruz. As ovelhas do Senhor seguiram-no na tribulação, na perseguição e na vergonha, na fome e na sede, na enfermidade e nas tentações, e em todas as outras formas de sofrimento. Pois seguindo-o desse modo elas receberam do Senhor a vida eterna. Portanto, é uma grande humilhação para nós, os servos de Deus, que, enquanto os santos realmente fizeram essas coisas, nós desejemos receber honra e glória simplesmente por narrar os feitos deles.

Francisco de Assis, *Admoestações*,
Franciscan Missionaries of the Eternal Word

Dizei, irmãos, dizei seu nome com amor intenso,
Mas com temor e assombro e o respiro suspenso!
Ele é Deus e Salvador, ele é o Cristo Senhor,
A quem sempre devemos fé, confiança e amor.
Caroline M. Noel (1817–1877), Hinário

PARA REFLETIR: Gn 2.15—3.20; Sl 138.6; Pv 6.16-23; Mt 20.21-28; 24.26; Jo 10.1-18; 1Co 3.18; Hb 13.20-21; 1Pe 2.20-25; 5.4

Admoestação 7: Boas obras devem acompanhar o conhecimento. O apóstolo diz que "a letra mata, mas o espírito vivifica" [RA]. São mortos pela letra os que aprendem as Escrituras para poder ser julgados mais sabidos que outras pessoas e com isso obter riquezas para seus parentes e amigos. São mortos pela letra os que não querem obedecer ao espírito das Escrituras, mas, pelo contrário, preferem saber apenas as palavras a fim de as impor a outros. Mas são vivificados pelo espírito das Escrituras aqueles que não as interpretam de modo egoísta. Por palavras e obras eles devolvem tudo ao Senhor do qual procedem todos os bens.

Admoestação 13: Da paciência. O servo de Deus não sabe de quanta paciência e humildade dispõe enquanto tudo vai bem. Mas quando aqueles que deveriam tratá-lo com justiça fazem simplesmente o contrário, então ele só dispõe daquela quota de paciência e humildade que ele demonstra nesse episódio.

Admoestação 15: Paz. "Felizes os que promovem a paz, pois serão chamados filhos de Deus." São verdadeiros promotores da paz os que, em meio a sofrimentos, ainda mantêm a paz da alma e do corpo pelo amor de nosso Senhor Jesus Cristo.

Francisco de Assis, *Admoestações*,
Franciscan Missionaries of the Eternal Word

Ó Deus Todo-poderoso, tu que amas a humanidade, ouve com misericórdia nossas orações e súplicas. Aceita, então, nossos pedidos para que nos ajudes e nos concedas os desejos de nosso coração que são vantajosos para nós. Revela o evangelho do teu Cristo. Dá-nos instrução e entendimento; guia-nos no conhecimento de Deus; ensina-nos teus mandamentos e teus caminhos; incute em nós teu puro e salvador temor. Amém.

Liturgia clementina (final do séc. 4),
em *Constituições dos Santos Apóstolos*, livro 8, seção 2.6

PARA REFLETIR: Mt **5.9**; 6.2-8; 22.2-33; 1Co 1.26-31; **2Co 3.1-6**; 6.4-6; Gl 5.1-26; 6.12-16; Fp 2.3-11; Cl 3.12-13; Hb 6.1-20

Admoestação 24: Da verdadeira humildade. Feliz é aquele que se mostra igualmente humilde entre seus empregados como se estivesse entre seus patrões. Feliz é o servo que sempre se sujeita à vara da correção. Esse é um "servo fiel e sensato", que não adia a autopunição por todas as suas ofensas, interiormente mediante um espírito contrito e exteriormente mediante a confissão e obras de amor

Admoestação 25:Do verdadeiro amor. Feliz é aquele que ama seu irmão quando ele está enfermo e incapaz de ajudar, como o ama quando o irmão está bem. Feliz é aquele que tanto ama e respeita seu irmão que está ausente como quando ele está por perto.

Admoestação 27: Como a virtude expulsa o vício. Onde há caridade e sensatez, ali não há nem medo nem ignorância. Onde há paciência e humildade, ali não há nem raiva nem perturbação. Onde há pobreza com alegria, ali não há nem cobiça nem avareza. Onde há paz e meditação interior, ali não há nem ansiedade nem dissipação. Onde há o temor de Deus protegendo a casa, ali o inimigo não consegue entrar. Onde há misericórdia e discernimento, ali não há nem excesso nem dureza de coração.

Francisco de Assis, Admoestações,
Franciscan Missionaries of the Eternal Word

Ó Pai bondoso e misericordioso, pelo Espírito que habita em nós, abre-nos os ouvidos do coração para que nos exercitemos na tua lei dia e noite; fortalece-nos na piedade; junta-nos ao teu rebanho santo e faz-nos parte dele. Torna-nos partícipes dos teus divinos mistérios, por Cristo, que é nossa esperança, que morreu por nós, por meio de quem glória e adoração sejam dadas a ti no Espírito Santo para sempre. Amém.

Liturgia Clementina (final do séc. 4),
em Constituições dos Santos Apóstolos, livro 8, seção 2.6

PARA REFLETIR: Is 12.2; **Mt** 5.3-10; 6.25-34; **24.45**; Lc 11.21; Rm 14.17-19; 1Co 13.1-13; Fp 4.2-9; Cl 3.15

("O Cântico do Sol")

Louvado sejas, meu Senhor, por todas as criaturas,
Especialmente pelo Irmão Sol,
Que traz o dia; tu iluminas através dele.
Ele é belo e radiante em todo o seu esplendor!
Contigo, ó Altíssimo, ele tem uma semelhança.
Louvado sejas, meu Senhor, pela Irmã Lua,
E pelas estrelas do céu, pois tu as fizeste,
Claras e preciosas e belas.
Louvado sejas, meu Senhor, pelo Irmão Vento,
E pelo ar, nublado e sereno,
E de cada tipo de clima pelo qual
Tu dás sustento a todas as tuas criaturas.
Louvado sejas, meu Senhor, pela Irmã Água,
Que é muito útil e humilde, preciosa e casta.
Louvado sejas, meu Senhor, pelo Irmão Fogo,
Com o qual tu iluminas a noite; ele é belo
E brincalhão, robusto e forte.
Louvado sejas, meu Senhor, pela Irmã Terra,
Que nos sustenta e governa, e que produz
Variados frutos com flores e ervas coloridas.
Louvado sejas, meu Senhor,
Pelos que perdoam por causa do teu amor.

Louvem e bendigam meu Senhor,
E rendam-lhe graças,
E sirvam-no com grande humildade. Amém.

Francisco de Assis, "Cântico do Irmão Sol",
Prayer Foundation

PARA REFLETIR: Êx 15.2; Jz 5.3; Sl 7.17; 33.4-9; 65.8-13; 69.34; 89.5; 98.4; 104.1-35; 148.1-14; Rm 8.22-25; Ap 5.12

MESTRE ECKHART

Um dos mais controversos teólogos medievais exerceu um impacto profundamente positivo na espiritualidade cristã. Mestre Eckhart (c. 1260–1327) teve uma influente e tormentosa vida de escritor, professor e administrador. Sua atração continua, como fica comprovado por uma vigorosa Sociedade Mestre Eckhart e entusiásticas publicações sobre ele. Dag Hammarskjöld, ex-secretário geral da ONU, sempre tinha as obras de Eckhart à sua cabeceira.

Johannes Eckhart foi o maior místico alemão medieval. Por volta dos 50 anos de idade, ingressou na ordem dos dominicanos e estudou teologia. Foi fortemente influenciado pelo grande teólogo dominicano Tomás de Aquino (c. 1225–1274) e também pelo neoplatonismo, fonte esta que gerou desafios à sua ortodoxia.

As habilidades de Eckhart foram atreladas a muitas tarefas. Depois de um período ensinando em sala de aula, de 1294 a 1298, ele serviu como prior (chefe de uma ordem religiosa) do convento de Erfurt. Simultaneamente, desempenhou o cargo de vigário da Turíngia. Em 1302, sua ordem lhe conferiu o grau de mestre em teologia. Em 1303, Eckhart foi eleito superior provincial da Saxônia, sendo reeleito em 1307. Ele também foi nomeado vigário-geral da Boêmia. Em 1311, reassumiu sua atividade didática na Universidade de Paris. De 1314 a 1317, ensinou e pregou em Estrasburgo e pregou em Colônia. Em 1317, Eckhart tonou-se prior em Frankfurt e, em 1320, retornou como professor de sua ordem para Colônia.

Os escritos de Eckhart examinam o relacionamento entre a alma individual e Deus. Sua maneira de explicar esse relacionamento às vezes lhe criou problemas; alguns de seus ensinamentos pareceram panteístas (a crença segundo a qual não há diferença entre Deus, o mundo e a alma, existindo apenas uma única essência divina que envolve tudo.) O misticismo dessa natureza tenta transcender a "aparente diferença" entre Deus e a alma. Em 1326, Eckhart retratou-se de algumas de suas proposições. Morreu em Avignon em 1327, enquanto tentava defender sua ortodoxia perante o papa. Havia percorrido oitocentos quilômetros a pé para defender-se. Estudiosos modernos consideram o misticismo de Eckhart ortodoxo em termos gerais. Em agosto de 1992, o mestre da ordem dos dominicanos, frei Timothy Radcliffe, declarou Eckhart "um bom teólogo ortodoxo".

As obras da Santa Trindade na criação e redenção estão inseparavelmente associadas. Quando o Pai nos atrai, ele nos atrai para o Filho. Quando o Filho nos atrai, ele nos atrai para o Espírito Santo. O Espírito Santo nos atrai para o Pai e o Filho. Quando cada pessoa nos atrai para as outras duas pessoas, ela também nos atrai para si porque só existe uma única Divindade. Somos atraídos pelo Deus trino com cordas de poder, sabedoria e amor. O Pai nos atrai pela bondade de sua graça e com isso demonstra seu incalculável poder. O Filho nos atrai e com isso mostra sua insondável sabedoria, pois ele é a Sabedoria do Pai. O Espírito Santo nos atrai por seu imutável amor.

O Filho desceu do céu para encarnar-se na Virgem Maria. Assumiu plenamente nossa humanidade, nossa fraqueza física, mas sem pecado. Com suas palavras, obras, paixão, membros e nervos, Cristo fez uma corda poderosa. Depois, com suor de sangue pingando de sua sagrada fronte, usou a corda para nos puxar para perto de si. Abandonou toda a sua glória, foi estendido sobre uma cruel cruz, e ali eliminou tudo o que visa impedi-lo de nos atrair para a redenção.

MESTRE ECKHART, "O ATRATIVO PODER DE DEUS," em *SERMÕES DE MESTRE ECKHART*, SERMÃO I

Glória seja ao Pai,
Que por seu onipotente poder e amor nos criou.
Glória seja ao Filho,
Que com seu precioso sangue nos resgatou da domínio das trevas.
Glória seja ao Espírito Santo,
Que fielmente dá testemunho de Cristo
E diariamente santifica a igreja de Deus conforme prometido.
Amém.

PARA REFLETIR: Os 2.16-23; 11.1-4; 14.4-9; Jo 3.16-18; 6.41-51; Rm 11.33; 16.25-27; 1Co 1.18-31

O reino de Deus está perto de nós; também está em nós. O que significa o reino de Deus estar em nós? Se eu fosse um rei, mas não soubesse disso, eu seria realmente um rei? Mas se eu estivesse plenamente convencido de ser um rei, e todos afirmassem minha realeza, então eu certamente seria um rei. Toda a riqueza da realeza seria minha.

De igual modo, nossa salvação depende de nosso conhecimento e de nossa afirmação do Bem Supremo, que é o próprio Deus.

Nossa alegria deriva, não do fato de Deus estar perto, mas do fato de nós realmente o conhecermos, de reconhecermos sua presença, e do fato de ele nos possuir. Nossa alegria aumenta ou diminui de acordo com nosso conhecimento de que Deus nos ama.

O reino de Deus nada mais é que a vinda do próprio Deus, com todas as suas riquezas. Quando passamos a saber que o reino de Deus não está apenas perto, mas está em nós, não precisamos mais de nenhuma interferência humana para nos convencer; temos certeza interior pela dádiva da vida eterna. Então somos capazes de dizer com Jacó: "Deus está neste lugar, e eu não havia percebido".

MESTRE ECKHART, "A PROXIMIDADE DO REINO",
EM *SERMÕES DE MESTRE ECKHART*, SERMÃO 2

Ó Mestre, Cristo nosso Deus, Rei do séculos e Mestre de todas as coisas, nós te agradecemos o privilégio de participar do vivificante mistério da salvação. Pelo poder do Espírito Santo, mantém tua igreja sob tua proteção, à sombra de tuas asas. Faz que nós, com uma consciência pura, sejamos fortalecidos com poder e paciência e alegremente rendamos graças ao Pai, que nos fez herdeiros do reino da luz. Bendito seja o reino do Pai e do Filho e do Espírito Santo. Amém.

PARA REFLETIR: Gn 28.10-17; Mt 5.3,10; 6.9-13; Mc 9.45-47; Lc 8.1; 17.20-21; 18.17; 21.29-36; Cl 1.9-23; 1Ts 2.12

A graça é um dom de Deus; ela opera nas profundezas da alma que utiliza esse dom. A graça é uma luz que se propaga; atua sob a orientação do Espírito Santo. A luz divina do Espírito permeia a alma e a eleva acima do tumulto das coisas temporais, para repousar em Deus. Nós recebemos a luz de Deus pela qual a alma progride como se houvéssemos recebido um presente nupcial de Cristo. A luz natural promove o crescimento de plantas e flores. A luz do Espírito Santo brilhando nos discípulos de Jesus produz o fruto da bem-aventurança.

O fogo converte a madeira em sua semelhança, assim como o amor de Deus produz sua semelhança em nós. A paz, a liberdade e a bem-aventurança que Deus promete resultam da permanência na vontade dele. Em busca dessa união perfeita a alma trava uma luta sem tréguas. Sabemos que quanto mais forte soprar o vento, tanto maior será o incêndio. Ora, entendam que o amor é o fogo em nossa alma e que o Espírito Santo atiça a chama. Quanto mais livre for o Espírito Santo para atuar em nós, tanto maior será a fogueira do amor. A alma cresce gradativamente à semelhança de Cristo pela graça de Deus.

Mestre Eckhart, "Moral exterior e interior",
em *Sermões de Mestre Eckhart*, sermão 7

Faz brilhar em nosso coração, ó Mestre que amas a humanidade, a luz incorruptível do teu divino conhecimento, e abre-nos os olhos da mente para compreendermos a proclamação do teu evangelho. Incute igualmente em nós o temor dos teus mandamentos, para que, esmagando os desejos carnais, busquemos um estilo de vida santo, considerando e fazendo tudo o que é do teu agrado. Ao Pai, ao Filho e ao Espírito Santo nós endereçamos glória, agora e para sempre, e pelos séculos dos séculos. Amém.

João Crisóstomo, em *A divina liturgia de São João Crisóstomo*,
The Orthodox Christian Page

PARA REFLETIR: Jo 1.16-17; 8.10-14; 12.44-50; Rm 3.23-24; 5.14-21; 1Co 15.9-11; 2Co 3.3; 4.6; 8.7-9; Gl 4.6; Jo 4.4-10

Para produzir uma verdadeira liberdade moral, a graça divina e a vontade humana devem cooperar. Tal como Deus é o Primeiro Motor da natureza, assim também ele cria em nós o poder de nos movermos livremente em sua direção. A graça liberta nossa vontade para que façamos qualquer coisa, atuando pela graça. Assim a vontade chega à verdadeira liberdade por meio do amor, ou mais corretamente, ela se torna amor, pois o amor une a vontade com Deus. Toda verdadeira moral cristã, interior e exterior, tem o amor como substância; o amor é o fundamento dos mandamentos de Deus.

A moral deve ser construída sobre esse fundamento, não sobre interesses egoístas. Sempre que a moral é construída sobre algo diferente do amor a Deus, ela não é livre, pois nesse caso falta-lhe aquela liberdade interna que se manifesta nas obras do amor. A verdadeira liberdade é o governo da natureza, interior e exterior, por meio de Deus. O amor muitas vezes começa com o temor. Mas não deve terminar ali. O temor é como a sovela do sapateiro puxando a linha que costura o couro; o fim é o amor.

Nenhuma lei externa é necessária para a pessoa justa, porque ela cumpre a lei interiormente. Traz a lei em seu espírito. Isso é o que está reservado para os que são iluminados por Deus e pelas Sagradas Escrituras.

Mestre Eckhart, "Moral exterior e interior",
em *Sermões de Mestre Eckhart*, sermão 7

Ó Espírito de Vida, ó Espírito de Deus,
Pela divina Palavra nossa alma ilumina;
Dá-nos conhecer a radiante luz divina;
Conduz-nos até Cristo, que reina lá nos céus:
Ó Espírito de Vida, ó Espírito de Deus.
Johann Niedling (1602–1668), da trad. de John Caspar
Mattes (1913), Hinário

PARA REFLETIR: Mt 22.34-40; Lc 12.48; Jo 8.32; Rm 8.1-17; 12.1-2; 13.8-10; 1Co 15.10; Gl 2.19-21; 5.1-6; Fp 7.11

A moral exterior bem como a interior ajuda a formar a verdadeira liberdade cristã. Estamos corretos quando enfatizamos principalmente a pessoa interior. Mas neste mundo não existe santidade interior sem sua expressão exterior. O trabalho interior é, antes de tudo, o trabalho da graça de Deus nas profundezas do espírito humano. Mas essa graça e esse trabalho devem ser distribuídos pela totalidade da pessoa, em nossa razão como fé fortalecida, em nossa vontade como amor a Deus e ao próximo, e em nossos desejos como firme esperança. Quando a luz divina penetra o espírito humano, o espírito humano se une a Deus como luz que se une à luz. Essa é a luz da fé, produzida pela graça de Deus, que nos eleva às alturas da livre obediência inalcançável pelos meros esforços humanos.

Nosso espírito deve voltar-se para Deus assim como voltamos o rosto para o sol a fim de absorver seu calor. Então podemos absorver o amor de Deus. Como Deus só pode ser visto por sua própria luz, assim também ele só pode ser amado por seu próprio amor. Mediante o Espírito Santo todas as graças redentoras são implantadas em nossas feições humanas. O Espírito nos transfere para fora do pecado e para dentro da vida da graça.

A essência da moral reside na pessoa interior, não na exterior, na força da vontade da qual ela emana, e na nobreza do objetivo pelo qual ela é praticada.

Mestre Eckhart, "Moral exterior e interior",
em Sermões de Mestre Eckhart, sermão 7

Bem junto de Deus caminhar quem dera!
Que quadro tranquilo e tão celestial,
Brilhando uma luz por todo o caminho
Que ao fim ao Cordeiro vai me levar.

William Cowper (1731–1800), Hinário

PARA REFLETIR: Rm 5.1-10; 8.18-28; 15.13-14; Ef 1.15-23; 2Co 5.16-21; 2Ts 1.1-12; 1Pe 4.1-11; Jd 1.12-25

JOÃO DE RUYSBROECK

Mônica, mãe de Agostinho; Antusa, mãe de João Crisóstomo; e Susana, mãe de John Wesley: três mães que tiveram papéis importantes na formação de líderes cristãos. A mãe de João de Ruysbroeck (c. 1293–1381) é outra. Desde a infância de João ela o instruiu no caminho da santidade cristã. Nascido em Ruysbroeck, perto de Bruxelas, ele foi o mais importante místico flamengo (grupo de dialetos do neerlandês falado na histórica região de Flandres). Seus escritos são considerados clássicos da espiritualidade cristã.

Aos 11 anos de idade, João saiu de casa e tornou-se aluno de seu piedoso tio, João Hinckaert, um sacerdote e cônego da Igreja de Santa Gúdula, em Bruxelas. Juntamente com um colega sacerdote, Francis van Coudenberg, Hinckaert se havia comprometido a levar uma vida de simplicidade apostólica. A educação que João de Ruysbroeck recebeu preparou-o para o sacerdócio. Foi ordenado em 1317. Durante 26 anos, João, o tio e van Coudenberg viveram na austeridade e no isolamento monásticos. João continuou seus estudos e escreveu livros que se tornariam o alicerce de seus ensinamentos. Sua obra-prima, *Os adornos do casamento espiritual*, consiste em três livros que tratam da vida ativa, da vida interior e da vida contemplativa.

Nessa época, João defendeu a fé ortodoxa contra erros doutrinários que eram propagados pelos Irmãos do Livre Espírito. Em parte por causa da oposição resultante de sua defesa da fé, e em parte por causa de um desejo de maior solidão, João, acompanhado de seu tio e van Coudenberg, mudou-se para um eremitério perto de Soignes, na Bélgica. Muitos discípulos os seguiram, e o resultado foi a formação de um mosteiro. João foi eleito prior (chefe de uma ordem religiosa). Obras escritas por ele durante esse período são *A pedra faiscante*, *O pequeno livro da iluminação* e *O livro das doze beguinas*.

A forma de misticismo adotada por João suscitou questões problemáticas sobre sua ortodoxia. Algumas passagens soam panteístas (isto é, a crença de que não existe nenhuma diferença essencial entre Deus e sua criação.) Outras parecem negar que Deus é essencial e eternamente trino. Numa avaliação geral, porém, a igreja o julgou ortodoxo. Durante sua vida, seus escritos foram avidamente recebidos, e sua fama de líder espiritual se espalhou pela Holanda, Alemanha e França.

Algumas pessoas recebem os dons de Deus como mercenários; outras, como seus filhos fiéis. Elas diferem na intenção, no sentimento, no amor e em cada movimento da vida interior. Aqueles que amam a si mesmos tão desordenadamente que se negam a servir a Deus, a menos que uma recompensa seja de fato prometida, com efeito separam-se de Deus. São escravos do próprio egoísmo; procurando Deus, eles na verdade promovem a si mesmos. Em suas orações e boas obras, cobiçam recompensas físicas. Ou talvez lutem por coisas eternas, mas por motivos egoístas.

Voltadas para dentro de si, essas pessoas moram sozinhas. Não têm o verdadeiro amor que poderia uni-las a Deus e ao próximo. Persistem na lei e nos mandamentos, mas são estranhas à lei do amor. Sua obediência procede não do amor, mas de um desejo de evitar a condenação. Por serem interiormente infiéis, essas pessoas não ousam confiar em Deus. Orações e boas obras, praticadas para desvencilhar-se do medo, não ajudam de forma alguma, pois quanto mais amam a si mesmas, tanto mais elas temem o inferno. Seu medo nasce do amor-próprio, não do amor a Deus.

Há solução para uma vida tão triste. A única coisa que falta é um amor puro pelo próprio Deus que aniquila a autossoberania. Esse amor requer uma vida interiormente transformada.

João Ruysbroeck, A pedra faiscante, cap. 6

Ó Senhor, meu Deus, ouve minha oração, e permite que tua misericórdia dê atenção ao meu desejo, pois ele não se preocupa só por mim, mas gostaria de servir à caridade fraterna. Eu sacrificaria por ti o serviço do meu pensamento e da minha língua; concede-me o que eu possa te oferecer em retribuição. Pois sou "aflito e necessitado"; tu és rico para todos os que te invocam. Tu não sofres com preocupações, mas te preocupas conosco. Amém.

Agostinho, bispo de Hipona, Confissões, livro 2,
cap. 2, seção 63

PARA REFLETIR: Dt 11.13-15; **Sl** 37.4; **86.1;** Mt 19.16-22; Lc 6.27-38; Jo 14.15-21; Rm 15.1-3; 1Co 2.9; 2Co 5.14-15; 1Jo 3.17

A compaixão é um movimento interior do coração, despertado pela compaixão ante as necessidades espirituais e físicas de outras pessoas. Os diversos sofrimentos de nosso Senhor despertam os cristãos para a compaixão. As múltiplas formas de opressão dos pobres; a dor causada pela perda de familiares, amigos, bens, honra e paz; e os incontáveis sofrimentos que afligem a humanidade despertam a compaixão dos justos.

Quem é compassivo é um símbolo dos sofrimentos de Cristo, de sua escolha da cruz, de seu amor, de suas feridas e ternura, da dor e da vergonha que ele suportou. A compaixão cristã dá testemunho dos cravos nas mãos de nosso Senhor, de sua coroa de espinhos e de sua misericórdia mostrada ao ladrão crucificado.

A compaixão deve levar o cristão a olhar para dentro de si. A verdadeira compaixão nos leva a confrontar as falhas que cometemos, as oportunidades que desperdiçamos, e também nossas imperfeições morais. Essa honestidade torna a compaixão autêntica. A compaixão observa os erros e desordens de nossos semelhantes e nos leva a orar por eles.

Deus determinou a compaixão antes de todas as outras virtudes. Por isso Cristo disse: "Felizes os que choram, pois serão consolados".

João Ruysbroeck, *Os adornos do casamento espiritual*, livro i, cap. 18

Ó Senhor Jesus, tu nos disseste em tua Palavra que nós podemos entender o amor divino vendo como tu deste tua vida por nós. E tu nos disseste claramente que no grande dia do juízo tu não reconhecerás, como sendo um dos teus, ninguém que não reconhece tua presença naqueles que têm fome e sede, nos estrangeiros e desnudos, nos doentes e prisioneiros. Molda-nos de tal maneira que naquele grande dia tu venhas a reconhecer o amor de Deus morando em nós. Amém.

PARA REFLETIR: Mt 5.4; 9.36-38; 18.23-34; 25.31-46; Lc 10.25-37; Gl 6.2; Ef 4.19; Cl 3.12; Tg 2.1-13; 1Pe 4.10; 1Jo 3.14-18

Da compaixão nasce a generosidade. A generosidade brota espontaneamente de um coração tocado pela caridade e piedade. Jorra da reflexão sobre a compaixão, os sofrimentos e as dores de Cristo. Tal reflexão nos impele a louvar e adorar nosso Senhor por seu amor e seus sofrimentos. Em alegre e humilde entrega nós nos damos a ele, de corpo e alma, pelo tempo e para a eternidade.

Se um cristão refletir sobre o bem que Deus fez por ele, e se considerar suas próprias falhas, em seguida ele deve mergulhar na generosidade de Deus. O tornar-se uma pessoa generosa decorre do refugiar-se na fidelidade e misericórdia de Deus e do voltar-se para ele com confiança determinada a servi-lo para sempre. O cristão que age assim ora a Deus com fé ardente. Por meio dele, dádivas divinas fluirão generosamente para outros. O que se espera é que, em consequência disso, outras pessoas se voltem para a verdade e passem a conhecer nosso Redentor.

A pessoa generosa notará com compaixão as necessidades dos outros. Com prudente discrição, ela serve, doa e consola, na medida do que lhe é possível.

João Ruysbroeck, *Os adornos do casamento espiritual*, livro 1, cap. 19

Com todo o coração e voz eu te suplico, ó Deus Pai de nosso Senhor Jesus Cristo, que tua graça abundante nos permita perceber na encarnação do teu Filho tanto tua dádiva quanto seu amor, e que todos possam entender a verdade de que por nós teu Filho, nosso Senhor Deus, nasceu e sofreu e ressuscitou. Que a benevolência dele sempre produza em nós um amor crescente. Concede-nos compreender correta e sabiamente as bênçãos da compaixão de nosso Redentor. Amém.

João Cassiano, *Sete livros sobre a encarnação de Nosso Senhor,*

livro 7, cap. 31

PARA REFLETIR: Mt 5.42; 6.1-4; 25.34-40; Lc 3.10-11; 6.38; At 20.35; 2Co 8.7-9; Ef 4.28; 1Tm 6.17-19

JULIANA DE NORWICH

Como Melquisedeque, cuja importância vai muito além das informações que temos sobre sua biografia, pouco sabemos sobre a mística inglesa Juliana de Norwich (c. 1342–1416). Ela foi provavelmente uma monja beneditina que passou a maior parte da vida como anacoreta (pessoa que faz voto de viver reclusa para dedicar-se à oração e à contemplação) num pequeno quarto contíguo à Igreja de São Julião em Norwich, na época uma grande e próspera cidade inglesa. Juliana devotou sua vida à oração e à meditação. Se não fosse por seu livro *As dezesseis revelações do amor divino*, ela seria provavelmente desconhecida.

Num único dia em 1373, Juliana teve quinze visões, e mais uma no dia seguinte. Em 1393, escreveu o livro que registra e explica suas extáticas visões do amor divino. Entrando em êxtase, estado que caracteriza a experiência mística, Juliana teve visões dos veementes sofrimentos do Senhor e também da Trindade. Durante vinte anos ela refletiu muito sobre o significado das visões: elas revelavam as profundezas do incondicional amor de Deus por nós, manifestado em Jesus Cristo. Juliana pôde perceber como o entendimento do amor de Deus propicia respostas à questão da vida, particularmente à presença do mal na criação.

As visões em si são até certo ponto intrigantes. Só conseguimos entender o que ela viu por meio das explicações de Juliana. Ela foi provavelmente influenciada por *A nuvem do desconhecimento*, um livro do século 14 sobre o misticismo cristão. Também sofreu a influência de uma filosofia conhecida como neoplatonismo, que acabou se tornando a síntese do platonismo e da teologia cristã e que, de alguma forma, tinha um profundo interesse na elevação da alma até alcançar uma união com Deus.

No parágrafo final das *Revelações do amor divino*, Juliana resume suas visões: "Eu vi com certeza que até mesmo antes de

Deus criar a humanidade, ele nos amou; que seu amor nunca diminuiu, nem jamais diminuirá. Todas as obras de Deus, inclusive a criação, são realizadas por amor. Ele criou todas as coisas em nosso proveito. Embora nós tenhamos tido um princípio, o amor de Deus é eterno. Tudo isso nós veremos numa visão infinita" (cap. 86).

O Senhor me concedeu uma visão do seu delicado amor. Eu vi que de todas as formas ele é bom e beneficente. Seu amor é a roupa que nos agasalha, nos segura e nos encerra.

O Senhor pôs em minha mão uma pequena bolinha do tamanho de uma avelã. Eu perguntei: "O que significa isto?". Ele respondeu: "É uma representação de toda a criação". Enquanto a olhava, senti medo de que a coisinha pudesse desaparecer. O Senhor respondeu: "Ela não desaparecerá; está assegurada pelo meu amor. Toda a criação está encerrada no meu amor".

Aprendi três coisas sobre a criação: Deus a fez, ela a ama, e ele a guarda. Eu jamais poderei descansar completamente ou provar a plenitude da alegria do Senhor antes que isto se torne uma verdade a meu respeito: Deus é meu Criador, meu Amor e meu Protetor. Não deve haver nenhuma distância entre mim e o amor de Deus.

Se não descansamos em Deus, que é todo-poderoso, todo-sábio e todo-amoroso, nós procuramos descanso em coisas finitas. O Senhor é nosso Descanso, e ele se satisfaz quando confiamos nele plenamente. Em nada mais pode a paz ser encontrada. Não podemos descansar se não nos esvaziarmos de coisas que falsamente alegam nos trazer paz.

JULIANA DE NORWICH, *REVELAÇÕES DO AMOR DIVINO*, REVELAÇÃO I, CAP. 5

Ó Deus, todas as tuas obras te louvam. Permite-me ser incluído entre tuas santas obras, parecer-me com elas em virtude e aspiração e sentar-me com elas aos pés de Jesus. Que minha fé se fundamente em tua Palavra; que meu entendimento seja iluminado por teu Espírito; que todas as minhas aspirações sejam santas, meus motivos sejam examinados por ti, e meu coração sempre se harmonize com tua vontade. Que minha vida mostre teus recursos e ornamente a doutrina de Deus. Amém.

PARA REFLETIR: Sl 24.1-2; 31.19; 33.5; 34.1-22; Na 1.7; Jo 1.1-5; Rm 8.28; 11.36; 1Co 8.6; Cl 1.15-20; Hb 11.4; Ap 4.11

Deus me mostrou que é muito mais importante adorá-lo, deleitar-se em sua bondade e agarrar-se à sua graça do que se preocupar com a mecânica da oração. A verdadeira oração implica aprender a agarrar-se à bondade de Deus com amor constante. É possível concentrar-se tanto em "como" orar que ficamos privados da adoração e do descanso na bondade de Deus.

Nós lhe agradecemos o amor que ele demonstrou na cruz, sua bondade infinita e a vida eterna que ele nos concede. Nós o louvamos pela igreja triunfante, os santos que nos precederam na glória e oram por nós perante o Pai. Ele se compraz quando nós o procuramos e o adoramos.

Exultar na bondade de Deus é a mais elevada forma de oração. Sua bondade atinge as profundezas de nossas necessidades; ele nos dá sua vida, fortalece em nós sua graça e cultiva em nós a virtude cristã. Deus nada despreza de sua criação. Verdadeiramente, seu amor ultrapassa a compreensão.

Deus quer que nos ocupemos com o conhecimento dele e exploremos seu amor até que nosso conhecimento e amor sejam aperfeiçoados no céu.

JULIANA DE NORWICH, *REVELAÇÕES DO AMOR DIVINO*, REVELAÇÃO I, CAP. 6

Como Isaque carregou a lenha para o holocausto, assim também Jesus carregou o lenho da cruz. Como Isaque voltou vivo, assim também tu, ó Cristo, ressurgiste vivo dentre os mortos e apareceste a teus santos discípulos. Que tu agora nos abençoes para que, com um coração puro, uma alma iluminada, um rosto confiante, uma fé sincera, um amor perfeito e uma firme esperança, ousemos com coragem, sem medo, dirigir a ti nossa oração, ó Deus, nosso Pai Santo. Amém.
BASÍLIO MAGNO, "QUINTA-FEIRA SANTA", *LITURGIA DE SÃO BASÍLIO*,
COPTICCHURCH.NET

PARA REFLETIR: 1Cr 16.32; Sl 64.8; Is 49.13-23; Mt 6.5-15; Lc 11.9-13; Ef 6.8; Fp 4.4; 6-7; Tg 5.16; 1Jo 5.14-15

(Juliana obteve a permissão de entender o assombro divino
vivenciado pela Virgem Maria na anunciação.)

Ao contemplar a glória do Senhor, Maria foi tomada de santo
temor. Chocou-se perante a própria indignidade. Como poderia ela, tão humilde e tão simples, tornar-se a mãe de nosso
Senhor? Ao mesmo tempo, foi ela inundada com a graça e a
verdade de Deus.

Como é incompreensível que Deus, que é tão santo, tão
poderoso e tão assustador, seja, no entanto, tão amoroso, tão
bondoso, tão confortante e tão atencioso!

O Senhor me explicou isso. E se um rei poderoso acaso se
mostrasse a um de seus pobres servos? E se o rei o tratasse com
benevolência, o incluísse em seu conselho particular e de bom
grado se revelasse completamente a seu servo? Como responderia o servo? Ele diria: "Que mais poderia meu poderoso Senhor ter feito por mim? O que poderia inspirar mais adoração
e alegria do que o fato de meu senhor se revelar pessoalmente
a alguém tão humilde, tão simples? Isso causa mais alegria do
que se ele me tivesse conferido presentes dispendiosos".

E não deveria nosso coração se encantar até mais com a
grande bondade mostrada por nosso Senhor Jesus Cristo?
Nossa maior alegria deveria ser o fato de que ele, embora sendo
o maior e o mais poderoso, o mais nobre e digno, na encarnação tornou-se por nós o mais humilde, o mais benevolente e o
mais redentor.

Juliana de Norwich, *Revelações do amor divino*, revelação i, cap. 7

---

*Ó meu Deus, Pai de nosso Senhor e Salvador Jesus Cristo, ilumina-me
com tua fé salvadora, alegra-me e fortalece-me com tua alegre
e infalível esperança, e estimula-me com teu poderoso e santíssimo
amor. Amém.*

PARA REFLETIR: Sl 75.1; 106.1; 136.1-3; Is 53.1-12; Mt 9.2-7; Lc 1.46-55;
8.22-25; 14.15-24; Rm 5.1-10

Eu ouvi estas palavras: "O inimigo está derrotado". Em seguida me foi dado ver como, em sua paixão na cruz, Cristo suportou todo o desdém e malícia que o pecado e Satanás conseguiam atirar nele. Mas nosso Senhor devolveu um desprezo e oposição ainda maiores contra Satanás, tanto isso é verdade que ele derrotou o antigo inimigo.

Hoje, Satanás fomenta a mesma malícia contra Cristo e seus seguidores como antes da encarnação, sobretudo quando vê nosso Senhor destruindo seu reino satânico e libertando seus prisioneiros. Cristo transforma os ataques de Satanás contra os cristãos em alegria e bênçãos. Ele humilha o tentador. O próprio poder de Satanás de prejudicar os cristãos foi feito prisioneiro por nosso Senhor. Assim como Cristo desprezou com êxito a malícia e perversidade de Satanás, ele quer que, graças ao seu poder divino, também seus discípulos façam o mesmo.

Tendo visto o desprezo de nosso Senhor pela malícia de Satanás, tendo-o visto subjugar terminantemente o poder de Satanás, e depois de ouvir que esse é o poder e o padrão pelos quais os cristãos devem pautar sua vida, nós deveríamos soltar uma sonora gargalhada ante a magnitude da vitória de Cristo e a derrota de Satanás. Os cristãos deveriam rir-se de Satanás. Essa risada vitoriosa dos filhos de Deus me proporciona grande prazer.

Juliana de Norwich, *Revelações do amor divino*, revelação 5, cap. 13

Querido Salvador do Mundo, ajuda-nos a nos rejubilar em ti, a Força de nossa salvação, a Causa de nossa liberdade, o Preço de nossa Redenção. Éramos cativos, mas tu nos redimiste; éramos escravos, mas tu nos libertaste; éramos exilados, mas tu nos trouxeste para casa; estávamos mortos, mas tu nos restauraste para a vida. Aleluia! Nesta e na futura vida, nossa alegria será completa. Amém.

Anselmo, arcebispo de Cantuária, *Livro de meditações e orações*, meditação 11, seção 52

PARA REFLETIR: Mt 28.16-20; Lc 8.26-39; 9.37-43; 10.17; Rm 8.37-39; 16.17-20; Cl 2.13-15; Tg 4.7; Ap 19.1—20.10

Considerando-se que Cristo é a Cabeça que governa a igreja e seus membros, ele é glorificado e sua obra é completa. Mas, considerando-se que ele deseja a redenção de todas as pessoas, a obra de Cristo é incompleta. Ele continua com o mesmo desejo, a mesma sede e o mesmo anseio que sentia enquanto padeceu na cruz. E continuará sentindo essa sede até que a última pessoa a ser redimida tenha recebido a redenção.

Assim como Deus mostra compaixão e piedade, também assim nele existe uma sede e um desejo ardente de redenção para todas as pessoas. Se não fosse por esse anseio divino, ninguém poderia chegar ao Redentor. A compaixão e piedade de Deus, sua sede e anseio, nascem de sua bondade sem limites; isso nos atrai para sua beatitude.

JULIANA DE NORWICH, *REVELAÇÕES DO AMOR DIVINO*, REVELAÇÃO 13, CAP. 31

Ó Santo Deus, que repousas nos santos; que és louvado com o três vezes santo hino dos serafins e glorificado pelos querubins e adorado por todas as hostes celestiais; que conferiste existência a todas as coisas a partir do nada; que criaste a humanidade de acordo com tua imagem e semelhança e a adornaste com todas as dádivas; que concedes sabedoria e entendimento a todos os que pedem e não rejeitas os pecadores, mas estipulaste o arrependimento que leva à salvação; que capacitaste a nós, teus humildes e indignos servos, para oferecermos a adoração e a glória que te são devidas; ó Mestre, perdoa nossa transgressão, santifica nosso corpo e nossa alma, e concede-nos servir-te em santidade todos os dias de nossa vida. Amém.

JOÃO CRISÓSTOMO, *A DIVINA LITURGIA DE SÃO JOÃO CRISÓSTOMO*, ORTHODOX.NET

PARA REFLETIR: Mc 13.1-37; Jo 3.16; Rm 8.18-25,37-39; 1Co 15.20-28; 2Ts 2.1-17; 2Pe 2.9; Ap 22.12-17

Quando uma pessoa se determina a amar a Deus de todo o coração, ela pode ter certeza de que maior é o amor de Deus por ela. É o amor de Deus que faz a graça divina atuar generosamente em nós. Ele quer que nós tenhamos a mesma certeza das alegrias eternas no céu enquanto vivemos aqui na terra que teremos no dia em que virmos nosso Senhor face a face. De fato, quanto mais alegria e prazer recebermos dessa antecipação e certeza, tanto mais isso agrada ao nosso Pai celestial. Com santa reverência e piedosa humildade, vivemos com a garantia dessa esperança.

O Senhor está agora, em sua graça, presente entre nós; nós o vemos tão maravilhosamente grande e nós nos vemos tão maravilhosamente pequenos. Sendo assim, as virtudes do temor santo e da humildade caracterizam aqueles que caminham em retidão perante o Senhor. Enquanto caminhamos, a presença de Deus cultiva em nós a certeza da verdadeira fé, caridade e um temor do Senhor que é, ironicamente, repleto de alegria.

Deus deseja que nos consideremos ligados a ele por seu amor, que pode criar tamanha unidade entre os cristãos e seu Senhor que eles não conseguiriam nem conceber a ideia de se separar dele. Essa é a maravilhosa obra do Senhor naqueles que o amam plenamente.

JULIANA DE NORWICH, *REVELAÇÕES DO AMOR DIVINO*, REVELAÇÃO 15, CAP. 65

É apropriado e justo entoar-te hinos, bendizer-te, louvar-te, agradecer-te, adorar-te em toda parte do teu domínio, pois tu és o Deus inefável, incompreensível, invisível, inalcançável, sempre existente, eternamente o mesmo, teu Filho unigênito e teu Espírito Santo. Tu nos reergueste de novo e não cessaste de fazer tudo até nos trazer para o alto céu e nos conceder teu reino, que há de vir. Por tudo isso nós rendemos graças a ti, ao teu Filho unigênito e ao Espírito Santo. Amém.

JOÃO CRISÓSTOMO, *A DIVINA LITURGIA DE SÃO JOÃO CRISÓSTOMO*, ORTHODOX.NET

PARA REFLETIR: Mt 5.20; Lc 1.67-80; Jo 6.53-57; 10.27-29; Rm 5.7-21; 8.37-39; Ef 3.7-21; Hb 3.6,14; 12.28-29; 1Jo 4.7-12; 5.14

CATARINA DE SENA
(CATARINA DE BENINCASA)

Que contribuição para o corpo de Cristo pode dar uma mulher que vive apenas 33 anos? Catarina de Sena (1347–1380) responde. Em sua vida breve e também depois, ela exerceu uma tremenda influência. Não apenas deixou um legado de cartas e visões celestes, como também seu aconselhamento foi procurado pelo papa Gregório XI e seu sucessor Urbano VI. Ela negociou com políticos, príncipes e autoridades eclesiásticas para resolver um cisma de setenta anos no seio da igreja. Sua influência e legado são tão grandes que em 1970 o papa Paulo VI lhe conferiu o título de doutora da igreja do mundo inteiro, título conferido a apenas quatro mulheres. Doutora da igreja é uma mulher cujos escritos são considerados tão ortodoxos que podem ser usados no ensino da igreja.

Nascida na cidade italiana de Sena, de um pai cuja atividade era tingir tecidos e de uma mãe poeta, Catarina foi a caçula de 24 filhos sobreviventes. Durante todo o período de sua vida ela passou por períodos de intensa dor, talvez causada por enxaquecas. Desde a infância, recebeu visões de Cristo, que ela registrou e explicou. Sua primeira visão ocorreu aos 6 anos de idade. O resultado foi que ela entregou sua vida à devoção, e quando tinha 7 anos fez o voto de castidade. Aos 15, vestiu o hábito das irmãs da ordem terceira dominicana e iniciou a prática religiosa de eremita num quarto de sua casa. Passados três anos, durante uma visita à cidade de Pisa, Catarina recebeu os estigmas de Cristo (marcas no corpo semelhantes às chagas do Cristo crucificado), partindo elas de uma cruz de madeira pendurada na igreja. Em 1370, teve uma série de visões dos mistérios divinos e ouviu Deus lhe dizendo que deixasse sua cela de eremita a fim de servir aos pobres como sua emissária no mundo. Catarina serviu incansavelmente aos pobres e àqueles que padeciam de moléstias pavorosas, enviou cartas de orientação a pessoas de todos os níveis sociais, escreveu e viajou para servir como mediadora em disputas envolvendo o papado e registrou suas visões. Por volta de 1377, fundou o mosteiro da Santa Maria dos Anjos, no Castelo de Belcaro. Seus contemporâneos atestaram seu encanto, mantido até mesmo durante episódios de dor e perseguição. Ela está sepultada em Roma, na Igreja de Santa Maria sobre Minerva.

Faça duas casas para você, minha filha: uma casa em sua cela, e a outra uma casa espiritual que você deve sempre carregar. Esta é a casa do exame de si própria. Ali você procurará o conhecimento da bondade de Deus.

De fato, essas duas casas são uma só; quando reside numa, você também deve residir na outra. Do contrário, você seria sobrecarregada ou pela confusão numa casa, ou pela arrogância na outra. Se você confia na avaliação que faz de si mesma, então logo surgirá a confusão sobre quem você realmente é. Em contrapartida, se em religioso isolamento e exaltação você ocupa a outra casa e ignora o que realmente sabe sobre todo o seu eu, você incorrerá no orgulho espiritual.

Observe que as duas casas devem ser construídas juntas e integradas. Se fizer isso, será aperfeiçoada no amor. Residindo numa delas, ganhará conhecimento de suas fraquezas bem como de suas forças. Residindo na outra, trará suas falhas à presença do amoroso Senhor em total transparência. Você não receberá julgamento nem rejeição da parte dele.

Dessa honestidade total sobre si mesma perante o Senhor flui uma corrente de humildade que, sem perigo algum, traz pesar e consolo. Quem integra as duas partes de sua vida será conformado ao Cristo crucificado.

CATARINA DE SENA, "PARA MONNA ALESSA DEI SARACINI",
EM *AS CARTAS DE CATARINA BENINCASA*

Senhor, tira-me de mim mesmo; entrega-me a ti. Confio meu coração ao teu vigilante cuidado, pois conheço sua vulnerabilidade. Faz que eu seja um espelho de tua graça, a fim de mostrar a outros a alegria de tua salvação. Ensina-me a disciplina de cuidar de coisas temporais com a mente atenta a coisas eternas. Amém.

PARA REFLETIR: Sl 51.1-19; 139.1-24; Lc 9.62; 14.28-31; 2Co 13.5; Gl 6.3-5; Tg 1.23-25; 1Pe 1.13

Aqueles que estão totalmente comprometidos com Cristo erradicaram o perverso orgulho e o fermento da impaciência. O orgulho carnal é o começo de todo pecado. Os discípulos de Cristo devem livrar-se da rebelde obstinação que nasce do orgulho carnal e entregar-se completamente à divina graça. Em vez de dominados por orgulho, obstinação e impaciência, devem carregar no coração o Cristo crucificado, rejubilar-se em seus ferimentos e nada desejar acima dele.

Não existe verdadeira obediência cristã sem humildade, e nenhuma humildade sem amor. De tudo isso nosso Senhor foi modelo. Em humildade perante seu Pai, Cristo de boa vontade suportou a vergonhosa cruz. Os pregos não teriam sido suficientes para prender o Deus-homem; somente o amor poderia mantê-lo pregado à cruz. Por saberem de tudo isso, os discípulos de Cristo não devem procurar nenhuma alegria que não proceda do Cristo crucificado. Mesmo que pudessem ganhar a vida eterna, livrar-se do inferno, atingir a santidade e receber consolação espiritual e material sem ser crucificados com Cristo, eles rejeitariam tudo isso.

Por saberem que somente o amor e a obediência prenderam Cristo na cruz, em amor recíproco eles devem dispor-se a cobrir-se de sua vergonha, pois foram convidados à mesa do Cordeiro imaculado e não se contentarão com nada menos que isso.

Ó gloriosa comunhão! Quem não se entregaria mil vezes à morte para obtê-la?

Catarina de Sena, "Para Monna Agnese, esposa do sr. Orso Malavoti", em As cartas de Catarina Benincasa

---

Ó Senhor Deus Todo-poderoso, nós te suplicamos e rogamos que aperfeiçoes em nós a tua graça. Derrama através de nossas mãos a dádiva de tua piedade e compaixão. Amém.

Addai e Mari, A liturgia dos benditos apóstolos (c. 150 d.C.)

PARA REFLETIR: Mt 26.36-46; Lc 14.11; At 2.36; Rm 12.3; 1Co 1.23-25; 2Co 11.30; Ef 2.10-22; Fp 2.3-11; Hb 12.1-3

◇◇◇◇◇◇◇ **142** ◇◇◇◇◇◇◇

A ovelha perdida fora mantida na prisão por Satanás. Então a infinita bondade de Deus apareceu, contemplou o estado lastimoso da ovelha, e ele viu que ela não poderia ser resgatada pelo extravasar da ira divina, pois a ovelha merecia um castigo que ultrapassa o entendimento. Em vez disso, a suprema e eterna sabedoria de Deus procurou uma forma atraente e gentil de resgatar a ovelha e viu que o coração humano é fortemente atraído pelo amor, porque foi por amor que Deus criou a humanidade. O Pai, então, vendo a humanidade tão predisposta a amar, atirou o livro do amor direto para a ovelha perdida dando-lhe a Palavra, seu Filho unigênito.

Veja que a justiça divina antes se havia manifestado e exigido que uma punição fosse cobrada pelos pecados cometidos. Mas a divina misericórdia e a inefável caridade apareceram. Para satisfazer a justiça e a gravidade do pecado, a misericórdia levou o Filho para a cruz, tendo-o primeiramente revestido com o barro do pecador Adão. Na cruz, a Palavra encarnada apaziguou a ira divina e resgatou a ovelha perdida da escravidão de Satanás. Usando o madeiro da cruz, Cristo combateu contra a morte, sacrificou-se e destruiu nossa morte. Oh, que amor divino foi esse que devolveu a ovelha ao rebanho!

CATARINA DE SENA, "PARA GREGÓRIO XI", SEGUNDA CARTA,
EM *AS CARTAS DE CATARINA BENINCASA*

Ó Deus, prega nossa carne com um piedoso temor, e não deixes que nosso coração se incline para palavras e pensamentos maldosos; antes, trespassa nossa alma com teu amor, para que, sempre te contemplando, sejamos por ti iluminados, e te identificando, rendamos incessantemente adoração e gratidão a ti, o Pai eterno, com teu Filho unigênito e teu santíssimo e vivificante Espírito. Amém.

EXTRAÍDO DE UMA ORAÇÃO DE BASÍLIO MAGNO, EM *AS ORAÇÕES ORTODOXAS*

PARA REFLETIR: Lc 24.1-7; Jo 3.10-18; 10.11-18; At 2.36-39; Rm 5.6-8; 8.35-39; 1Co 2.9; 2Co 13.14; Gl 2.20; Fp 2.8; Cl 1.15-20; Hb 13.20-21; 1Jo 3.1-3

TOMÁS DE KEMPIS

Tomás de Kempis (c. 1380–1471) destaca-se entre aqueles que, na história da igreja, influenciaram o significado do discipulado cristão. Depois das Escrituras, sua obra *Imitação de Cristo* foi mais traduzida para outras línguas que qualquer outro livro. Sua influência vem perdurando por mais de quinhentos anos. Se um cargo eclesiástico ou secular fosse indispensável para causar um profundo impacto na formação do caráter cristão, Tomás de Kempis seria excluído, pois a maior parte de sua longa vida foi dedicada à prática da vida monacal. Sua influência se deve a uma vida devotada à oração e ao exame do que se requer dos seguidores de Jesus e do que a eles é prometido.

Ele nasceu na cidade de Kempen, na Renânia, perto de Düsseldorf, na Alemanha. Frequentou uma escola na vizinha cidade holandesa de Deventer, onde era conhecido como Tomás de Kempen. A escola foi fundada por Gerard Groote, que também instituiu os Irmãos da Vida Comum. Os membros dessa instituição se entregavam à oração, à vida simples e à união com Deus. Tomás foi tão cativado pela qualidade de piedade demonstrada por seus professores que decidiu adotar os ideais deles como modelo de vida. Aos 19 anos, entrou para o mosteiro do Monte Santa Inês, perto de Zwolle, nos Países Baixos. Ali passaria o resto da vida. Como monge, celebrava missa, ouvia confissões de visitantes e passava a maior parte do tempo refletindo sobre o que significa ser formado à imagem de Cristo. De vez em quando eram-lhe atribuídas tarefas administrativas, mas sempre temporárias. De sua talentosa capacidade de intensa reflexão fluíram sermões, hinos, cartas e descrições biográficas de santos. Sua obra mais importante é *Imitação de Cristo*. John Wesley (1703–1791) é um dos valentes líderes cristãos que foi influenciado por esse livro. Em 1735, ele o traduziu e publicou sob o título de *O modelo cristão*. Wesley se afastou do misticismo representado por Tomás de Kempis, mas mesmo assim em 1738 creditou a esse livro a aprendizagem pessoal de que "a verdadeira religião residia no coração, e de que a lei de Deus abrange todos os nossos pensamentos bem como nossas palavras e ações" (*"The Imitation of Christ" through Six Centuries*).

Que proveito traz o falar como alguém altamente erudito sobre a Trindade se, faltando a humildade, nós desagradamos a essa mesma Trindade? É uma vida virtuosa que nos torna santos, justos e agradáveis a Deus. Eu prefiro sentir a contrição a simplesmente ser capaz de defini-la e discuti-la. De que adiantaria saber a Bíblia de cor, e os princípios de todos os filósofos, se levássemos uma vida de indigentes em relação à graça e ao amor de Deus? Tudo é vaidade, a menos que se ame e sirva ao Senhor.

A maior sabedoria consiste em buscar o reino dos céus mediante o desprezo por qualquer coisa que venha a nos afastar dele. É vaidade cortejar a honra e encher-se de orgulho. É vaidade seguir os prazeres do corpo e desejar coisas que acarretam severos castigos. É vaidade desejar uma longa vida neste mundo, mas pouco preocupar-se com levar uma vida bem empregada. É vaidade ficar ansioso sobre o presente e não fazer provisões para o mundo vindouro. É vaidade amar o que rápido passa e não levar em consideração a alegria eterna.

Tomás de Kempis, *Imitação de Cristo*, livro 1, cap. 1

Concede-me tua graça, ó Cristo todo-misericordioso, para que eu possa sempre fazer minha a tua vontade. Que eu seja incapaz de querer ou não querer coisa alguma, exceto o que tu queres ou não queres. Acima de todos os desejos, dá-me o desejo de descansar em ti. Em ti somente permite que meu coração tenha paz. Sem ti todas as coisas são difíceis e desvairadas. Na paz que existe em ti, o Altíssimo, o Deus eterno, eu dormirei e terei meu descanso. Amém.

Tomás de Kempis, *Imitação de Cristo*, livro 3, cap. 15

PARA REFLETIR: Mt 6.19-34; 13.44-45; 16.24-27; Mc 7.20-23; 9.47; Jo 8.12; Gl 5.15-26; Cl 1.9-14; Tg 4.1-15; 1Jo 3.18-22

◇◇◇◇◇◇ **144** ◇◇◇◇◇◇

Evite o máximo possível a conversa inútil, pois a discussão de afazeres humanos, embora importante, pode ser uma grande distração. Somos facilmente enganados e rápido demais ficamos preocupados com tais coisas.

Muitas foram as vezes em que eu preferiria ter ficado em silêncio e não ter me associado com certas pessoas. De fato, por que conversamos e tagarelamos entre nós quando tantas vezes acabamos com uma consciência pesada? Agimos assim porque procuramos afirmação mútua. Falamos sem parar e comentamos de modo apaixonado sobre coisas que nos agradam ou coisas que detestamos com veemência. Mas, é triste dizer, muitas vezes falamos à toa e sem nenhum propósito. Essa tagarelice sem sentido efetivamente arruína a divina consolação interior.

Quando se apresenta o momento certo e oportuno para falar, diga alguma coisa que seja verdadeiramente benéfica.

Maus hábitos e indiferença para com o progresso espiritual propiciam muito a remoção das travas da língua. Em contrapartida, a conversação devota sobre assuntos espirituais promove o crescimento no Senhor, quando conduzida entre irmãos e irmãs em Cristo que têm profundo amor pelo Senhor.

Tomás de Kempis, Imitação de Cristo, livro i, cap. 10

Deus eterno e todo-poderoso, que no mistério pascal estabeleceste a nova aliança de reconciliação, concede que todos os que renasceram na comunhão do corpo de Cristo mostrem em sua vida o que professam por sua fé; por meio de Jesus Cristo, nosso Senhor. Amém.

"Liturgia da Palavra", A grande vigília pascal, LOC

PARA REFLETIR: Sl 19.14; 141.3; Pv 15.28; Ef 4.15,29; 5.4; Cl 2.6-19; 3.27; 2Tm 2.14-16; Tg 3.2-10; Ap 3.7-13

Enquanto vivermos neste mundo, não estaremos livres de sofrimentos e tentações. Aprendemos com Jó que "a vida humana na terra é uma luta". Todos devem precaver-se da tentação atentamente e vigiar em oração para que o diabo, que ronda procurando quem possa devorar, não encontre ocasião para nos iludir. Ninguém é tão santo a ponto de nunca ser tentado.

As tentações, embora incômodas e graves, com frequência são úteis. Por meio delas podemos ser humilhados, purificados e instruídos.

Muitos tentam fugir de todas as tentações, mas acabam caindo nelas mais gravemente. Não conquistamos mediante a fuga. Com paciência e humildade nos tornamos mais fortes que nossos inimigos. Quem não enfrenta as tentações na raiz apenas dá a impressão de enfrentá-las. Pouco ele progredirá espiritualmente. De fato, as tentações voltarão com maior rapidez e violência.

Pouco a pouco, com paciência e longanimidade, nós vencemos as tentações. Conseguimos isso com a ajuda de Deus, e não punindo a nós mesmos ou agindo de modo impulsivo. Prepare-se para receber orientações e não seja rigoroso com outros que são tentados, mas console-os como você gostaria de ser consolado.

Tomás de Kempis, Imitação de Cristo, livro 1, cap. 13

Ó Cristo Jesus, que de boa vontade assumiste a forma de servo e te tornaste obediente até a morte na cruz, mostra-nos que, se quisermos chegar a ti de imediato, em segurança e abertamente, sem obstáculos, de modo livre e pacífico, e ficar com firmeza unidos a ti com uma disposição fervorosa, tanto na prosperidade quanto na adversidade, na vida ou na morte, então nós devemos confiar tudo, sem hesitar e de modo resoluto, à tua benevolente e infalível vontade. Amém.

Atribuído a Alberto Magno, Sobre apegar-se a Deus, cap. 16

PARA REFLETIR: Jó 7.1-10; Mt 9.6-13; 26.41; Lc 8.13; Rm 12.2; 1Co 10.13; Gl 5.16; Hb 4.14—5.3; 1Pe 5.8; 1Jo 1.9; 2.1; 4.1

Como um barco desprovido de leme é levado sem rumo pelas ondas, assim também a pessoa negligente e irresoluta é tentada e lançada de um lado para outro. No caso, porém, do cristão disciplinado, como o fogo tempera o ferro, assim também a tentação tempera o justo. Muitas vezes, não sabemos o que podemos suportar, mas a tentação revela nossa essência.

Acima de tudo, devemos ficar especialmente alerta contra as tentações em seu nascedouro. É mais fácil derrotar Satanás se ele for depressa barrado na entrada da mente. Precisamos enfrentá-lo na porta tão logo ele bater.

Alguém disse com razão: "Combata os primeiros sintomas; o remédio chega tarde demais. Com um longo atraso, o mal ganha vigor". Primeiro, um mero pensamento vem à mente. Em seguida, a imaginação desabrocha e é seguida por um prazer maldoso, e depois pelo consentimento. Assim, se Satanás não for enfrentado no limiar, ele conseguirá entrar francamente. Quanto maior a demora, tanto mais fraca é a reação, e mais forte se torna o inimigo.

Não nos desesperemos, portanto, quando formos tentados, mas oremos a Deus com fervor ainda maior para que ele possa julgar adequado nos ajudar, pois, de acordo com o apóstolo Paulo, o Senhor nos ajudará a resistir à tentação.

TOMÁS DE KEMPIS, *IMITAÇÃO DE CRISTO*, LIVRO I, CAP. I3

Ó meu Deus, Luz dos cegos e Força dos fracos, Luz dos que enxergam e Força dos que são fortes, nós recorremos a ti, pois sabemos que estás presente quando conversamos contigo e quando a ti nos entregamos. Tu, que nos criaste, recria-nos e concede-nos que te amemos à perfeição, até o fim dos tempos. Amém.

AGOSTINHO, BISPO DE HIPONA, *CONFISSÕES*, LIVRO 2, CAP. 2, SEÇÃO 3

PARA REFLETIR: Pv 4.23; Is 55.2; Jo 9.4; Rm 12.2; 1Co 10.11-13; 15.8; Gl 6.7-10; Hb 6.10-12; 2Pe 1.3; 2.1-3; 3.15

Examine-se com cuidado e proceda com calma ao julgar as ações de outros. Nosso julgamento com frequência resulta num esforço errôneo e desperdiçado. Julgar a nós mesmos é geralmente mais útil. Muitas vezes, julgamos os outros a partir de nossa opinião limitada e subjetiva sobre como as coisas deveriam ser. Em consequência disso, perde-se facilmente a perspectiva objetiva.

Se nosso amor a Deus fosse nosso interesse principal, não seríamos tão facilmente perturbados por quem contraria nossas opiniões. Com demasiada facilidade, permitimos que interesses periféricos nos arrastem com eles. Muitas pessoas identificam a si mesmas por suas atividades exteriores. Dão a impressão de desfrutar paz de espírito conquanto seu mundo exterior esteja em ordem. Mas quando esse mundo se descontrola, elas facilmente ficam desorientadas e desanimadas.

É admissível que velhos hábitos sejam difíceis de mudar. Mas, se nós nos apanhamos confiando em nossa própria inteligência e iniciativa e em inconstantes interesses externos, em vez de confiarmos na disciplina de acordo com Jesus Cristo, não deveríamos nos surpreender se não formos guiados pela sabedoria de Cristo. Deus quer que nos elevemos acima daquilo que produz a sabedoria humana e, mediante um amor intenso, nos sujeitemos completamente a ele e sejamos por ele iluminados.

Tomás de Kempis, Imitação de Cristo, livro 1, cap. 14

Meu Senhor e Salvador, tu disseste que se nós te amarmos e observarmos teus mandamentos, seremos guardados por ti, por meio do Espírito Santo, para a glória do Pai. Que eu seja guardado para fazer tua vontade, guardado para fazer teu trabalho à tua maneira, guardado, talvez, para sofrer por ti, guardado para que tu faças comigo o que te parecer bom, e guardado para que nenhum outro senhor jamais tenha domínio sobre mim. Amém.

Francis Havergal, Guardado para uso do Mestre, cap. 1

PARA REFLETIR: Sl 118.1-29; Pv 3.5-6; Is 12.2; Mt 6.25-34; Fp 1.6-7; 4.6-7; Hb 13.6; 1Pe 5.6-7; Ap 7.1-17

Não há falta de pessoas que querem a consolação do Senhor, mas pouquíssimos são os que estão dispostos a suportar as provações do discipulado. Todos querem que Jesus lhes dê felicidade; pouquíssimos estão dispostos a sofrer algo por ele. Muitos aplaudem os milagres do Senhor; pouquíssimos estão dispostos a suportar a reprovação da cruz. Muitos louvam e bendizem o Senhor, desde que ele os cubra de prazeres.

Os que servem ao Senhor a fim de receber benefícios e consolação são mercenários religiosos, interesseiros, sempre pensando no pagamento que irão receber. A constante antecipação do proveito e lucro demonstra que eles amam a si mesmos mais do que amam ao Senhor.

Mas os que amam Jesus por ele mesmo, sem visar um lucro e conforto egoísta, abençoarão o Senhor em tempos de provação e angústia. Ah, que poder tem um amor puro por Jesus!

Tomás de Kempis, Imitação de Cristo, livro 2, cap. 11

Ó meu Deus! Eu te ofereço todas as minhas ações deste dia pelas intenções e pela glória do sagrado coração de Jesus. Quero santificar cada batimento do meu coração, cada pensamento, as obras mais simples, mediante a união de tudo isso com os infinitos méritos de Cristo; e quero atirar tudo na fornalha do teu misericordioso amor. Ó meu Deus! Eu te peço, para mim e para os que me são caros, a graça de cumprir à perfeição a tua santa vontade, de aceitar por amor a ti as alegrias e os sofrimentos desta vida passageira, para que nós um dia nos reunamos no céu por toda a eternidade. Amém.

Teresinha de Lisieux, "Oração da manhã",
em História de uma alma

PARA REFLETIR: Sl 24.16; Mt 11.29; 14.25-35; Lc 9.23-27; 17.10; 1Co 6.19-20; Fp 2.5-8; 2Tm 2.8-13; 1Pe 2.21-25

◇◇◇◇◇◇ **149** ◇◇◇◇◇◇

(O caminho régio da cruz)

Para muitos cristãos, o ensinamento de Jesus "negue a si mesmo, tome sua cruz e siga-me" parece intolerável. Mas muito mais intolerável será ouvir Jesus dizer: "Fora daqui, malditos, para o fogo eterno". Os que agora ouvem a palavra da cruz e de bom grado a ela obedecem não têm razão alguma para temer o dia do juízo. Quando o Senhor vier julgar, o sinal da cruz estará nos céus para confortá-los. Todos os servos da cruz que se uniram ao Senhor crucificado se aproximarão do Cristo juiz cheios de júbilo.

Por que, então, relutaríamos em trilhar o caminho régio da cruz quando por ele podemos viajar para o reino dos céus? Naquela cruz há salvação; na cruz está a vida; na cruz está a proteção contra os inimigos de nossa alma; na cruz está a infusão da comunhão celestial; na cruz está a força da mente; na cruz está a alegria; na cruz está a mais alta virtude; e na cruz a santidade é aperfeiçoada.

Somente ao longo do caminho régio da cruz se pode encontrar a salvação. Irmãs e irmãos, tomemos a cruz e sigamos Jesus. Seguindo-o entraremos para a vida eterna.

Tomás de Kempis, *Imitação de Cristo*, livro 2, cap. 12

Deus Todo-poderoso, teu caríssimo Filho não ascendeu para a alegria sem primeiro suportar a dor, e não entrou para a glória antes de ser crucificado; concede-nos misericordiosamente que nós, trilhando o caminho da cruz, descubramos que ele não é outro senão o caminho da vida e da paz; por Jesus Cristo, nosso Senhor. Amém.

"Liturgia de Ramos", Domingo da Paixão: domingo de Ramos, LOC

PARA REFLETIR: Is 50.4-7; **Mt 16.24; 25.41;** Lc 9.23-27; 14.27; 19.28-36; 22.14-23; 23.1-49; Fp 2.6-11

150

Jesus abriu o caminho da cruz. Durante toda a sua vida ele percorreu esse caminho. Sendo assim, buscaríamos nós um caminho de conforto? É verdade que o caminho da cruz não é o que naturalmente escolheríamos. Se fôssemos depender de nós mesmos, nada teríamos a ver com ele. Somente na medida em que confiamos no Senhor nos será dada a coragem. Só então o homem natural se sujeitará ao Espírito. Apenas a graça de Deus, não a virtude humana, pode nos fazer amar o que naturalmente rejeitamos.

Com bravura, carreguemos a cruz de nosso Senhor, que movido pelo amor foi crucificado por nós. Com amor recíproco, bebamos o cálice do Senhor. Deixemos a consolação nas mãos de Deus; que ele nos trate como bem lhe agradar.

Mesmo se com Paulo fôssemos elevados ao terceiro céu, não estaríamos dispensados de trilhar o caminho da cruz. Paradoxalmente, o caminho régio da cruz é uma "vida morrendo", pois quanto mais um cristão morre para si mesmo, tanto mais ele vive em Cristo. Ninguém que não se tenha resignado a trilhar esse caminho está preparado para desfrutar o céu. Se tivesse havido algum outro jeito, o Senhor o teria mostrado.

Tomás de Kempis, *Imitação de Cristo*, livro 2, cap. 12

Deus eterno e todo-poderoso, em teu terno amor pela raça humana tu enviaste teu Filho, nosso Salvador Jesus Cristo, para assumir nossa natureza e sofrer a morte na cruz, dando-nos o exemplo de sua grande humildade; concede, em tua misericórdia, que nós trilhemos o caminho de seu sofrimento e também participemos de sua ressurreição; por Jesus Cristo, nosso Senhor. Amém.

"Liturgia de Ramos", Domingo da Paixão: domingo de Ramos, LOC

PARA REFLETIR: Sl 34.19; 22.24; Lc 9.23-27,51-56; Jo 16.33; 17.1-5; At 9.1-18; Rm 5.3-5; 8.18; 2Co 4.8-10; 10.13; 2Ts 1.1-13; 1Pe 4.12-19; 5.10

TEOLOGIA GERMÂNICA

Em 1516, um ano antes de afixar suas 95 Teses na porta da Igreja de Todos os Santos em Wittenberg, Martinho Lutero (1483–1546) descobriu e publicou uma obra de um autor anônimo. O título dessa obra é *Theologia Germanica*. Lutero declarou: "Depois da Bíblia e de Santo Agostinho, jamais chegou às minhas mãos outro livro do qual eu tenha aprendido mais sobre Deus e Cristo e os homens e tudo o que existe" (prefácio para a segunda edição [1518]). O livro foi recebido com entusiasmo pelos compatriotas de Lutero.

Procedente de um contexto católico romano, *Teologia germânica* é uma obra instrutiva para todos os cristãos. Mesmo um exame superficial do livro revela por que Lutero o apreciou tanto. Numa linguagem muito prática e doutrinalmente responsável, a obra examina a atuação da graça de Deus e convida os cristãos à santidade em todos os aspectos da vida. Seu subtítulo é instrutivo; "apresenta muitos belos aspectos da Verdade divina e formula muitos excelentes e encantadores detalhes da perfeição cristã". A convicção da obra sobre a transformadora e capacitadora graça de Deus é, como descobriu Lutero, em muitos pontos simplesmente de tirar o fôlego.

Embora seja anônimo, o livro provavelmente surgiu no seio de um grupo de cristãos conhecidos como Amigos de Deus. Os membros dessa associação eram homens e mulheres, clérigos e leigos. Caracterizavam-se por uma piedade essencial que implicava uma vida de abnegação e o reconhecimento da inutilidade de uma religião que não transforma profundamente seus praticantes, pois ninguém que não o ame ardentemente e que não participe de sua natureza divina pode de fato conhecer a Deus. *Teologia germânica* revela que os Amigos de Deus acreditavam fortemente na presença e na ação do Espírito Santo em todos os cristãos. O livro está organizado em 54 capítulos.

Nem mesmo o próprio Deus pode tornar uma pessoa virtuosa, boa ou feliz, em casos em que a virtude e a bondade são apenas qualidades exteriores, estranhas ao caráter da pessoa. O fracasso de internalizar essas qualidades acontece quando alguém se envolve tanto nas atividades deste mundo, e fica tão fascinado com seus valores, que não consegue se distanciar para examinar a si mesmo. Falta-lhe a capacidade de alimentar a própria alma ocupando-se da transformadora comunhão com o Senhor.

Portanto, embora seja bom aprender o que os santos sofreram e realizaram, e como Deus os favoreceu, mil vezes melhor seria aprender quem somos perante o Senhor e o que ele exige de nós. A principal questão é esta: "Como pode nossa vida ser posta a serviço do Senhor de modo que ele nos use tal como fez com os santos?". Conhecermo-nos de modo transparente perante o Senhor é a arte suprema. Isso nos tornará mais louváveis à sua presença do que se pudéssemos entender tudo o que se pode saber sobre os seres humanos, os céus e a terra.

A eterna bem-aventurança deve ser buscada na santa obediência ao Senhor.

TEOLOGIA GERMÂNICA, CAP. 9

Pai nosso no céu, instila em nós pelo teu Espírito Santo um amor por ti, motivado não por um comando, mas por uma nova natureza que nos ensina e exorta a render-te irrevogável adoração e louvor. Que nossa vida expresse tua vida divina como o fruto natural de uma alma renascida. Que te rendamos graças e nos arrependamos não porque tais coisas são exigidas, mas sim porque temos profunda consciência de nossas necessidades, da loucura do pecado e de tua divina bondade. Amém.

HENRY SCOUGAL, *A VIDA DE DEUS NA ALMA DO HOMEM*, PARTE I

PARA REFLETIR: Sl 51.10-11; 139.3-4; Mt 5.13-26; Jo 3.1-15; 2Co 3.18; 5.17; Gl 2.20; 5.19-26; 1Jo 3.2-6

Que ninguém pense que pode obter nova vida em Cristo debatendo os termos do discipulado ou por meio de conhecimento de segunda mão. Tampouco alguém conseguirá a verdadeira vida em Cristo simplesmente lendo sobre ele, adquirindo grande erudição ou praticando técnicas religiosas exaltadas. Quem está propenso a defender suas opiniões religiosas ou quem serve ao Senhor por motivos egoístas jamais alcançará nova vida em Cristo. Nosso Senhor deixou tudo isso bem claro quando disse: "Se alguém quer ser meu seguidor, negue a si mesmo, tome sua cruz e siga-me". Ele está nos dizendo sem rodeios que se a pessoa não está preparada a abandonar todas as prévias condições, afirmações e exigências que ela impôs a Deus, não conseguirá a vida eterna. Enquanto se atém a pequenas sobras de um mundo decaído em vez de se entregar a Jesus Cristo, ela continuará sendo enganada e cegada. O problema é que essa pessoa exige que o discipulado seja feito para ela sob medida. Em vez de seguir Jesus nos termos dele, eleva o que julga ser vantajoso para ela acima do próprio Cristo.

TEOLOGIA GERMÂNICA, CAP. 19

Ó Senhor Jesus, pelo Espírito de nosso Pai celestial, faz tua paz reinar em nosso coração e tua palavra morar abundantemente em nós. Faz nossa fruição desta vida coadunar-se com uma boa consciência, faz nossa aceitação da morte coadunar-se com a esperança da imortalidade e faz nossa certeza da ressurreição encorajar-nos mediante a graça. Que a verdade esteja conosco com a simplicidade, a fé com a confiança, a abstinência com a santidade, a atividade com a sobriedade, a conversa com a modéstia e a aprendizagem sem a vaidade. Incute em nós a fidelidade à verdadeira doutrina. Amém.

EXTRAÍDO DE UMA ADMOESTAÇÃO DE AMBRÓSIO, BISPO DE MILÃO,
CARTAS, EPÍSTOLA 63, SEÇÃO 113

PARA REFLETIR: Mt 16.24; 10.38; Mc 8.34; 10.21; Lc 18.18-25; Rm 12.1; Gl 2.20; 5.24; 6.14; Ef 4.11-17; Tg 1.19-27

153

Alguém poderia perguntar: "O que significa participar da natureza divina, como recomendou Pedro?". Ou o que significa ser uma pessoa piedosa? Significa ser totalmente iluminado pela eterna luz divina. Significa ser inflamado ou consumido pelo amor divino.

Mas devemos entender que luz e conhecimento são inúteis se não houver amor. Tenhamos em mente que, mesmo quando uma pessoa tem a capacidade de diferenciar a virtude do mal, se não amar a virtude, não será virtuosa. Se amar a virtude, ela a buscará; será alistada como inimiga do mal. E se realmente amar a virtude, nem uma única virtude será por ela negligenciada. Além disso, enquanto leva uma vida virtuosa, não exigirá nenhuma recompensa e não aceitará em troca nenhum tesouro; o amor pela virtude é em si mesmo uma recompensa suficiente. De fato, nem para ganhar o mundo inteiro uma pessoa virtuosa abdicaria de ser virtuosa. Ela preferiria ter uma morte lastimável a abdicar da virtude.

TEOLOGIA GERMÂNICA, CAP. 41

Querido Salvador, por meio da graciosa obra do Espírito Santo, alimenta em nós aquela vida divina que se torna um princípio interior, livre e motivador, a fim de que sejamos levados a amar e obedecer, não por motivos, ameaças, subornos ou promessas exteriores, nem constrangidos pela lei, mas que nos sintamos fortemente inclinados para o que é bom e, por causa do amor, nos deleitemos no cumprimento de tua vontade; para a glória de Deus Pai, mediante o Deus Filho, e pelo Deus Espírito Santo. Amém.

ADAPTADO DE HENRY SCOUGAL, A VIDA DE DEUS NA ALMA DO HOMEM, PARTE I

PARA REFLETIR: Sl 1.1-3; Mq 6.8; Mt 6.33; Rm 5.1-5; 12.1; 2Co 6.14-17; Gl 2.20; Fp 4.8; 1Tm 6.17-19; 2Pe 1.1-9

Nosso Senhor Jesus Cristo disse: "Ninguém pode vir ao Pai senão por mim". Ponderemos atentamente as condições pelas quais podemos ir ao Pai por meio de nosso Senhor. O cristão deve colocar guarda sobre si mesmo e sobre tudo o que lhe pertence, quer se trate de posses da pessoa interior, quer se trate de posses que caracterizam sua vida exterior. Na medida do possível, ele deve de tal forma dirigir, controlar e guardar o coração que nem sua vontade nem seus desejos, nem o amor nem a saudade, nem a opinião nem o pensamento, possam brotar em seu coração ou impregnar suas ações, exceto sentimentos que bendigam a Deus e sejam do agrado dele. E sempre que ele tomar consciência de qualquer ideia ou intenção em si mesmo que contrarie a natureza e a vontade de Deus, deve resistir e erradicá-la completamente o mais rápido possível.

Por essa regra o cristão deve pautar sua vida, esteja ele trabalhando ou descansando, falando ou calando, acordado ou dormindo, caminhando ou simplesmente parado. Em suma, de todas as maneiras, esteja ele envolvido em suas próprias atividades ou trabalhando para alguma outra pessoa, o discípulo de Jesus deve guardar o coração com o máximo cuidado. Não deve permitir a ocupação ou o assédio dele por nada que pudesse ser considerado inaceitável se Cristo de novo se encarnasse e caminhasse entre nós.

TEOLOGIA GERMÂNICA, CAP. 52

Ó Senhor, a ti entrego minha vida; confio em ti, meu Deus! Mostra--me o caminho certo e ensina-me por onde devo andar. Guia-me pela tua verdade e ensina-me, pois és o Deus que me salva; em ti ponho minha esperança todo dia. Amém.

ADAPTADO DE SALMOS 25.1-2,4-5

PARA REFLETIR: Jo 10.1,3; 12.26; **14.6**; Rm 12.1-2,9-13; Gl 5.16-26; Ef 2.1-10; 5.1-14; Fp 4.2-9; Cl 1.9-14; 1Pe 1.3-11

FONTES BIBLIOGRÁFICAS

As leituras, orações e hinos usados neste livro foram adaptados das fontes abaixo. Os títulos entre colchetes indicam o nome pelo qual as obras, em geral, são conhecidas em língua portuguesa e mencionadas ao longo deste volume.

Addai e Mari. Liturgy of the Holy Apostles, or Order of the Sacraments [A liturgia dos benditos apóstolos]. In *Liturgies and Other Documents of the Ante-Nicene Period*. Edimburgo: T and T Clark, 1872. Internet Archive. <https://openlibrary.org/books/ OL22885546M/Liturgies_and_other_ documents_of_the_Ante-Nicene_period>.

Albert the Great. "A Prayer from St. Albert the Great on Conscience" [Oração de São Alberto Magno sobre a consciência]. A Blog for Dallas Area Catholics. <http://veneremurcernui.wordpress. com/2010/08/23/a-prayer-from-st-albert-the-great-on-conscience/>.

Ambrose. "A Prayer before Mass (Thursday)" [Oração antes da missa (quinta-feira)]. Catholic Online. <http://www.catholic.org/ prayers/prayer.php?p=2040>.

______. "Prayer for Saturday" [Oração para o sábado]. Em "Prayer before Mass". Willing Shepherds of Jesus Christ. <http://www. willingshepherds.org/Thanks%20Thomas.htm>.

______. "Prayers by St. Ambrose" [Orações de São Ambrósio]. 2 Hearts Network. <http://www.2heartsnetwork.org/Ambrose. htm>.

Anselm. *St. Anselm's Book of Meditations and Prayers.* [Livro de meditações e orações de São Anselmo]. Londres: Burns and Gates, 1872. Reimpr., Christian Classics Ethereal Library (CCEL). <http:// www.ccel.org/ccel/anselm/meditations.html>.

Augustine. "Prayer for the Indwelling of the Holy Spirit" [Oração para a habitação do Espírito Santo]. The Fresh Anointing. <http:// www.tfadc.org/resources>.

______. "Prayer to the Holy Spirit" [Oração para o Espírito Santo]. Feast of All Saints. <http://feastofsaints.com/staugustine.htm>.

Basil the Great. *Saint Basil Liturgy* [Liturgia de São Basílio]. CopticChurch.net. <http://www.copticchurch.net/topics/liturgy/ liturgy_of_st_basil.pdf>.

Bennett, Arthur, ed. *The Valley of Vision: A Collection of Puritan Prayers and Devotions* [O Vale da Visão]. Carlisle, PA: The Banner of Truth Trust, 1994.

Bonaventure. "Prayers of St. Bonaventure" [Orações de São Boaventura]. Liturgies.net. <http://www.liturgies.net/saints/bonaventure/ prayer.htm>.

Book of Common Prayer [Livro de Oração Comum, LOC]. Nova York: Church Hymnal Corporation, 1979. <http://justus.anglican. org/resources/bcp/formatted_1979.htm>.

A Book of Offices [Livro de ofícios]. Milwaukee: Young Churchman, 1914. <http://justus.anglican.org/resources/bcp/Offices1914/ Offices_1914.htm>.

Cassian, John. *The Conferences of John Cassian.* [As conferências de João Cassiano.] Trad. de Edgar C. S. Gibson. Reimpr. ed. de 1894, CCEL. <http://www.ccel.org/ccel/cassian/conferences.titlepage. html>.

Catherine of Siena. *The Letters of Catherine Benincasa* [As cartas de Catarina Benincasa]. Trad. de Vida D. Scudder. Reimpr. ed. de 1905, Project Gutenberg, 2005. <http://www.gutenberg.org/ cache/epub/7403/pg7403.html>.

Catholic Encyclopedia [Enciclopédia católica]. Acesso em 16 de setembro de 2013. <http://www.newadvent.org/cathen/>.

Chrysostom, John. *The Divine Liturgy of St. John Chrysostom.* [A divina liturgia de São João Crisóstomo]. Orthodox.net. <http:// www.orthodox.net/service/sluzebnic-chrysostom.pdf>.

______. *The Divine Liturgy of St. John Chrysostom* [A divina liturgia de São João Crisóstomo]. The Orthodox Christian Page. <http:// www.ocf.org/OrthodoxPage/liturgy/liturgy.html>.

______. "Seasonal Prayers: For Lent" [Orações sazonais: para a Quaresma]. Prayers. iBreviary.com. <http://www.ibreviary.com/m/ preghiere.php?tipo=Preghiera&id=487>.

The Divine Liturgies of Our Fathers among the Saints John Chrysostom and Basil the Great. [As divinas liturgias de nossos pais entre os santos João Crisóstomo e Basílio Magno]. Edit. por J. N. W. B. Robertson. Londres: Nutt, 1894. <https://archive.org/stream/ divineliturgies00churgoog#page/n5/mode/2up>.

Donne, John. *John Donne's Devotions* [Devoções de John Donne]. 1624. Reimpr., CCEL. <http://www.ccel.org/ccel/donne/devotions>.

Eckhart, Johannes. *Meister Eckhart's Sermons* [Sermões de Mestre Eckhart]. Trad. de Claud Field. Londres: H. R. Allenson, [1909?]. Reimpr., CCEL. <http://www.ccel.org/ccel/eckhart/sermons>.

The Eckhart Society [A Associação Eckhart]. <http://www.eckhart society.org/eckhart/eckhart-man>.

Ephrem the Syrian. "Prayer of Saint Ephrem" [Oração de São Efrém]. *OrthodoxWiki*. <http://orthodoxwiki.org/Prayer_of_Saint_Ephrem>.

Francis of Assisi. "The Admonitions of St. Francis" [As admoestações de São Francisco]. Franciscan Missionaries of the Eternal Word. <http://www.franciscanmissionaries.com/about-us/admonitions/>.

______. "Canticle of Brother Sun" [Cântico do Irmão Sol]. Prayer Foundation. <http://www.prayerfoundation.org/canticle_of_brother_sun.htm>.

______. *The Writings of St. Francis of Assisi* [Os escritos de São Francisco de Assis]. Trad. de Paschal Robinson, 1905. <http://www.sacred-texts.com/chr/wosf/wosf03.htm>.

Gregory of Nazianzus. "The Gregory of Nazianzus Prayer" [A oração de Gregório de Nazianzo]. Amos House Community. <http://amoshouse.wordpress.com/2011/02/22/the-gregory-of-nazianzus-prayer/>.

Gregory the Great. *Morals on the Book of Job* [Lições morais do livro de Jó]. Oxford: John Henry Parker; Londres: J. G. F e J. Rivington, 1844. Reimpr., Lectionary Central. <http://www.lectionarycentral.com/GregoryMoraliaIndex.html>.

______. "Prayer of Acclaim to the Suffering Christ." [Oração de aclamação ao Cristo Sofredor]. Saints.SQPN.com. <http://saints.sqpn.com/pray0540.htm>.

Hildegard of Bingen. *Scivias*. Classics of Western Spirituality. Trad. de Madre Columba Hart e Jane Bishop. Mahwah, NJ: Paulist Press, 1990.

Hymnary.org. <http://www.hymnary.org/texts?qu=+in:texts>.

"The Imitation of Christ" through Six Centuries. Dallas: Southern Methodist University Bridwell Library, 2012. Catálogo em exibição. <https://www.smu.edu/Bridwell/Collections/SpecialCollectionsandArchives/Exhibitions/ImitatioChristi/1735>.

John of Ruysbroeck. *The Adornment of the Spiritual Marriage* [Os adornos do casamento espiritual]. Trad. de C. A. Wynschenk Dom. Edit. por Evelyn Underhill. 1916. Reimpr., CCEL. <http://www.ccel.org/ccel/ruysbroeck/adornment.iv.html>.

______. *The Sparkling Stone* [A pedra faiscante]. Trad. de C. A. Wynschenk Dom. Edit. por Evelyn Underhill. 1916. Reimpr., CCEL. <http://www.ccel.org/ccel/ruysbroeck/adornment.v.html>.

Julian of Norwich. *Revelations of Divine Love.* [Revelações do amor divino]. Trad. de Grace Warrack. 1901. Reimpr., CCEL. <http://www.ccel.org/ccel/julian/revelations>.

Macarius-Symeon. *Fifty Spiritual Homilies of St. Macarius the Egyptian* [Cinquenta homilias espirituais de Macário do Egito]. Trad. de A. J. Mason. Londres: Society for Promoting Christian Knowledge, 1921. <http://archive.org/stream/fiftyspiritualho00pseuuoft/fiftyspiritualho00pseuuoft_djvu.txt>.

Newman, John Henry. "A Prayer of John Henry Cardinal Newman" [Oração do cardeal John Henry Newman]. Catholic Newman Center. Universidade de Houston. <http://uhcatholic.org/content/article/6024/prayer-john-henry-cardinal-newman>.

Nicene and Post-Nicene Fathers [Pais nicenos e pós-nicenos]. Série I (14 vols.), Série II (14 vols.). Edit. por Philip Schaff. Reimpr. ed. de 1885, CCEL. <http://www.ccel.org/fathers.html>.

The Orthodox Prayers [As orações ortodoxas]. <http://ihtys.narod.ru/orthodox_prayers.pdf>.

"Prayers to the Holy Spirit" [Orações ao Espírito Santo]. 2 Hearts Network. <http://2heartsnetwork.org/HolySpirit.htm>.

Saint Vladimir Russian Orthodox Church Prayer Book [Livro de oração da Igreja Ortodoxa Russa de São Vladimir]. <http://www.saintprincevladimir.org/spiritual-guides/prayer-book/>.

Scougal, Henry. *The Life of God in the Soul of Man* [A vida de Deus na alma do homem]. 1677. Reimpr., CCEL. <http://www.ccel.org/s/scougal/life/>.

St. Thomas Prayers [Orações de São Tomás]. <http://www.stthomas.webhero.com/St-Thomas-Prayer.htm>.

Taylor, Jeremy. *The Rule and Exercises of Holy Living* [Regra e exercícios para uma vida santa]. Filadélfia: J. W. Bradley, 1860. Reimpr., CCEL. <http://www.ccel.org/ccel/taylor/holy_living.toc.html>.

Theologia Germanica [Teologia germânica]. Trad. de Susanna Winkworth. Edit. por Peiffer. Golden Treasury Series. Reimpr. ed. de

1893, CCEL. <http://www.ccel.org/ccel/anonymous/theologia.titlepage.html>.

Thérèse of Lisieux. *Story of a Soul: The Autobiography of St. Thérèse of Lisieux* [História de uma alma]. Edit. por T. N. Taylor. Londres: Burns, Oates, and Washbourne, 1912. Reimpr., CCEL. <http://www.ccel.org/ccel/therese/autobio>.

Thomas à Kempis. *The Imitation of Christ* [Imitação de Cristo]. Trad. de Aloysius Croft e Harold Bolton. Milwaukee: Bruce Publishing Company, 1940. Reimpr., CCEL. <http://www.ccel.org/ccel/kempis/imitation>.

Thomas Aquinas. "Prayers before Holy Communion" [Orações antes da Santa Comunhão]. Diocese de Superior, Wisconsin, EUA. <http://www.catholicdos.org/file/Prayersbefora&fterHolyCommunion.pdf>.

______. "Prayers by St. Thomas Aquinas" [Orações de São Tomás de Aquino]. 2 Hearts Network. <http://www.2heartsnetwork.org/Aquinas.htm>.

______. "St. Thomas of Aquinas Quotes" . <http://misalvador777.tripod.com/catholictreasurechest/id239.html>.

Vetter, Herbert F., ed. *Prayers for Today*. Cambridge, MA: Harvard Square Library, 2004. <http://www.harvardsquarelibrary.org/Prayers/>.

Wesley, John. *A Christian Library* [Biblioteca cristã]. 1750. Reimpr. ed. de 1821. 30 vols. Wesley Center Online. <http://wesley.nnu.edu/john-wesley/a-christian-library/>.

Esta obra foi composta com tipografia Janson Text e Mr Eaves